# A1.1

练习册
Arbeitsbuch

快乐德语 「第二版」

# prima plus | Deutsch für Jugendliche

Friederike Jin　Lutz Rohrmann　Milena Zbranková

黄惠芳 编译

上海外语教育出版社
外教社 SHANGHAI FOREIGN LANGUAGE EDUCATION PRESS

Cornelsen

**图书在版编目（CIP）数据**

快乐德语. A1. 1. 练习册 ／（德）金莎黛等编. —2版.
—上海：上海外语教育出版社，2021
ISBN 978-7-5446-6837-8

I. ①快… II. ①金… III. ①德语—习题集 IV. ①H339.6

中国版本图书馆CIP数据核字（2021）第109372号

图字：09-2021-0711

出版发行：**上海外语教育出版社**
（上海外国语大学内）　邮编：200083
电　　话：021-65425300（总机）
电子邮箱：bookinfo@sflep.com.cn
网　　址：http://www.sflep.com
责任编辑：陈　懋

印　　刷：上海龙腾印务有限公司
开　　本：890×1240　1/16　印张 5.25　字数 166千字
版　　次：2021年 9月第 1版　2021 年 9月第 1次印刷
书　　号：ISBN 978-7-5446-6837-8
定　　价：**38.00** 元

本版图书如有印装质量问题，可向本社调换
质量服务热线：4008-213-263　电子邮箱：editorial@sflep.com

近年来，随着我国外语教育教学改革的不断推进，包括德语教学在内的基础外语教学焕发出新的生机和活力。2018 年，教育部颁布了《普通高中德语课程标准（2017 年版）》，为基础教育阶段开设和优化德语课程提供了政策和技术性指导。除各地外国语学校之外，越来越多的其他各类学校也开设了德语作为第一外语或第二外语的课程。

多年来，上海外语教育出版社一直致力于为各学习阶段的德语学习者提供优秀的教材。经过仔细甄选，我社自 2010 年起从德国知名专业出版集团——康乃馨出版社引进出版了《快乐德语》（prima）系列教材。在过去的十余年来，全国有近百所中小学校将其作为首选德语教材。为适应新的社会发展，康乃馨出版社对该套教材进行了修订，我们也继续与康乃馨出版社合作，推出《快乐德语（第二版）》（prima plus），以进一步满足我国基础教育阶段德语学习者和授课教师的需要。

作为专门为青少年编写的零起点德语教材，《快乐德语（第二版）》严格遵循"欧洲语言共同参考框架"所设定的等级要求，分为 A1-B1 等三个级别，每个级别均配有"学生用书""练习册""词汇手册""学习手册"和"教师用书"等品种。教材内容编写科学、难度循序渐进，特别重视语音的训练，注重语法结构的实际运用。内容丰富，配有大量的语音、词汇、语法、阅读、听力、口语和写作等多样化练习，旨在全面系统地提高学生的听、说、读、写等四项语言能力，激发学生学习德语的热情，提高德语交际应用能力。

与第一版相比，第二版的页面布局更加美观、话题内容更贴近当下、小组活动和项目教学更具可操作性、多媒体配套资源更符合互联网学习的特点。

根据我国青少年德语学习者的特点，我们特别邀请上海外国语大学王蔚副教授为 A1.1 级别学生用书配套编写了语音预备单元，邀请华东师范大学黄惠芳副教授增加了汉语注释并编写了词汇手册，邀请山东大学（威海）张雄老师编写了学习手册。另外，本套教材中相关的音视频资源均可在"爱听外语"APP 中下载使用。

希望学习者快乐地学习德语、学好德语、用好德语！

上海外语教育出版社

2021 年 6 月

# prima plus+

## Deutsch für Jugendliche
Chinesische Ausgabe

# A1.1

## Arbeitsbuch

**Cornelsen**

**A1.1 | Deutsch für Jugendliche**
**Chinesische Ausgabe**

Erarbeitet von
Friederike Jin, Lutz Rohrmann und Milena Zbranková

# Inhalt

### 1 Neu hier?

**a** Ergänze den Dialog. 补充对话。

● Hallo. Wie heißt du?

■ *Ich?*

● Ja, du!

■ _____

● Ich bin Florian.

■ _____

● Aus Freiburg. Und du?

■ _____

● Da vorne. Und du?

■ _____

● Bis später. Tschüs!

■ _____

■ Und woher kommst du?

■ Tschüs!

■ ~~Ich?~~

■ Aus Hamburg. Und wo wohnst du?

■ Hier.

■ Ich heiße Annika. Und du?

**b** Hör den Dialog und sprich nach. 听对话并跟读。

**c** Übe das „ß". 练习 "ß" 。

_____

_____

### 2 Hören üben

Was hörst du: a oder b ? Kreuze an. 你听到了 a 还是 b ？请画叉。

1. a Wie heißt du?                b Wo wohnst du?
2. a Ich bin Anne.                b Ich bin neu hier.
3. a Woher kommst du?             b Wo wohnst du?
4. a Ich wohne in Köln.           b Ich komme aus Köln.
5. a Tschüs, bis später.          b Auf Wiedersehen.

**3** Denk nach

**a** Ergänze die Tabelle und markiere bei *kommen*, *wohnen* und *heißen* die Endungen.
补全表格并标出动词 kommen，wohnen 和 heißen 的词尾。

|  | kommen | wohnen | heißen | sein |
|---|---|---|---|---|
| ich | *komme* |  |  |  |
| du |  |  |  |  |

**b** Ergänze den Dialog. 补充对话。

● Hallo, wie *heißt* du?                                                      heißen

■ Ich _____ Carina. Und wer _____ du?          heißen, sein

● Ich _____ Niklas. Wo _____ du?               sein, wohnen

■ Ich _____ hier in Berlin.                                wohnen

● Und woher _____ du?                                      kommen

■ Ich _____ aus Frankfurt. Und du?                         kommen

● Ich _____ aus Berlin und _____ in Berlin.     kommen, wohnen

**4** Gespräche

**a** Schreibtraining – Schreib die Frage mit
„?" Fragezeichen und die Antwort mit „." Punkt.
写作训练——写问句并以"?"结束，写答句并以"."
结束。

WERBISTDU

_____

ICHBINSMARTI

_____

> Tipp:
> *Frageanfang, Satzanfang und Namen
> schreibt man groß.
> Frageende: ? Satzende: .*

**b** Und du? Schreib die Fragen und Antworten ins Heft.
结合自身情况，将问题和回答写到练习本上。

Wie heißt du?   Woher kommst du?   Wo wohnst du?

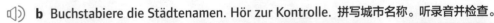

*Wie heißt du? – Ich ...*

**5** Wie schreibt man das?

**a** Hör zu und schreib die Namen. 听录音并把名字写下来。

1. _____          4. _____

2. _____          5. _____

3. _____          6. _____

**b** Buchstabiere die Städtenamen. Hör zur Kontrolle. 拼写城市名称。听录音并检查。

_____  _____  _____  _____  _____

### 6 Anmeldung

**a** Schreib den Dialog ins Heft. Hör zur Kontrolle.
将对话写到练习本上。听录音并检查。

> • *Guten Tag! ...*

Danke, Frau Schott. Willkommen!   Schott.   Und der Vorname?

Wo wohnen Sie, Frau Schott?   Danke.   In Hamburg. Neustraße 2.

Christine.   Guten Tag! Wie heißen Sie, bitte?

**b** Und du? Ergänze das Formular. 结合自身情况，填写表格。

| | | | |
|---|---|---|---|
| | Name | | |
| | Vorname | | |
| | Familienname | | |
| Foto | Adresse | | |
| | Straße | | |
| | Postleitzahl (PLZ) | Wohnort | |
| | Land | | |

**c** Ergänze die Verben. 填写动词词尾。

● Wie heiß___ du?

■ Ich heiß___ Maria.

● Woher komm___ du?

■ Ich komm___ aus Argentinien. Und du?

● Ich heiß___ Mehmet. Ich komm___ aus der Türkei und
wohn___ jetzt hier. Wo wohn___ du?

■ Ich wohn___ da vorne.

● Guten Tag, wie heiß___ Sie?

■ Ich heiß___ Meckel.

● Woher komm___ Sie?

■ Ich komm___ aus Hamburg.

● Und wo wohn___ Sie, Frau Meckel?

■ Ich wohn___ in Berlin.

### 7 Hallo, wie geht's?

Schreib die Dialoge ins Heft. Hör zur Kontrolle. 将对话写到练习本上。听录音并检查。

Super, und dir?   Tschüs.   Es geht so.

Tschüs. Bis später.   Hallo, Tom, wie geht's?

Danke, gut, und Ihnen?   Auch gut. Bis später.

Guten Tag, Lisa, wie geht's?   Guten Tag, Frau Fischer.   Tschüs.

**8** Magst du Tennis?

**a** Schreib die Sätze. 写句子。

*Ich mag Tennis.* _____ _____ _____ _____

**b** Ergänze *mögen*. 填写动词 mögen。

**1**

● Was <u>magst</u> _____ du, Tom?

■ Ich _____ Karate. Und du?

**2**

● Frau Schneider, was _____ Sie?

■ Ich _____ Schwimmen.

**3**

● Lea, was _____ du?

■ Ich _____ Musik.

**4**

● Lea _____ Musik, Tom _____ Karate

und Frau Schneider _____ Schwimmen.

**c** Hören üben. Was hörst du: a oder b ? Kreuze an. 你听到了 a 还是 b ？请画叉。

1. a Was machst du?     b Was magst du?
2. a Ich mag Tennis sehr.     b Ich mag Tischtennis sehr.
3. a Was mögen Sie?     b Was machen Sie jetzt?
4. a Frau Schneider mag München.     b Frau Schneider wohnt in München.

**9** Was magst du?

Hör zu und notiere M (Mia), L (Lukas) oder K (Herr Kampmann).
听录音，并作记录：Mia、Lukas 和 Kampmann 先生喜欢什么？

Mia           Lukas           Herr Kampmann

**10** Guten Tag – Auf Wiedersehen

Ergänze die Sätze und ordne sie den Bildern zu. Es gibt mehrere Möglichkeiten.
补充下面的句子并与图片配对，答案非唯一。

 A    B    C    D    E

1. *Guten* A_____     2. T_____     3. G_____ T_____

4. H_____     5. A_____ W_____     6. G_____ M_____

### 11 Sätze bauen

**a** Groß oder klein? Schreib die Wörter richtig. 下面的单词应该大写还是小写？写出正确的单词。

| | | | | | |
|---|---|---|---|---|---|
| ICH | *ich* | WOHER | _____ | FUßBALL | _____ |
| DU | _____ | WO | _____ | MUSIK | _____ |
| SIE | _____ | WIE | _____ | TAG | _____ |
| ER | _____ | WAS | _____ | GITARRE | _____ |
| HEIßEN | _____ | IN | _____ | BERLIN | _____ |
| WOHNEN | _____ | AUS | _____ | SCHWEIZ | _____ |
| MÖGEN | _____ | | | LISA | _____ |
| KOMMEN | _____ | | | FRAU WEBER | _____ |

**b** Schreib Sätze mit den Wörtern. Wie viele Sätze und Fragen kannst du schreiben?
用 a 里的单词写句子。你能写出多少个陈述句和问句？

*Ich heiße Lisa.*

### 12 Schüler-Chat

**a** Verben-Chaos. Korrigiere die Texte. 指出下面短文中的动词错误并改正。

1. Grüß Gott! Ich ~~wohne~~ ^bin^ Hannes und mag in Wien, in Österreich. Ich bin Schwimmen und Radfahren.

2. Guten Tag! Ich mag aus Portugal. Mein Name komme Anna. Ich ist Musik und Surfen.

3. Hallo! Ich komme Sebastian Köller und mag aus Spanien, aus Malaga. Ich bin Tennis und Fußball.

4. Ich mag jetzt in Deutschland, aber ich wohne aus der Schweiz. Ich heiße Kino und Chats.

   Ich komme Alexander.

**b** Schreib einen Text wie in 12a. Tauscht in der Klasse. 模仿练习 12a 写一篇短文，并在班级里交流。

### 13 Länder und Städte

Hör zu. Schreib die Stadt und ergänze das Land. 听录音并写出城市和国家的名称。

| | Sophie | Florian | Benedikt |
|---|---|---|---|
| Stadt | | | |
| Land | | | |

## Hörstudio

**a** Interview – Hör zu und markiere die richtige Information im Steckbrief.
听录音，并在个人简介中标出正确的信息。

**STECKBRIEF**

| | |
|---|---|
| Vorname | Ron/Ralf |
| Familienname | Bronner/Brenner |
| Wohnort | München/Minden |
| Land | Deutschland/Dänemark |
| Hobby | Judo/Sudoku |
| | |

**b** Schreib die Fragen zum Steckbrief. 对个人简介提问。

Wie _ist dein Vorname?_ _____?

Wie _____?

W_____?

W_____?

Was magst _____?

## Meine Ecke

**a** Rätsel – Ergänze die Wörter. Wie heißt die Lösung? 补全单词。答案是什么呢？

1. Grüß Gott!
2. Wo wohnst d__?
3. Woher komms__ du?
4. Ich heiß__ Jonas.

5. Ich bi__ Miriam.
6. Ich spiele jetzt __ennis.
7. Ich komme __us Wien.
8. Ich ma__ Karate.

Lösung:

G __ __ __ __   __ __ __!

**b** Wortschlange – Lies und schreib den Text. 阅读单词队列，并据此写出短文。

HALLOICHBINLUKASNEUBERTUNDWOHNEINWIENINÖSTERREICHICHKOMMEAUSITALIENAUSBOLZANOICHMAGBASKETBALLUNDSCHWIMMENUNDDU

Hallo, _____

_____

_____

_____

**c** Mach deine Wortschlange. Tauscht in der Klasse.
制作你的单词队列，并在班级里进行交流。

Mach die Übungen. Kontrolliere im Schlüssel auf Seite 78 und kreuze an:
做下面的练习并比对第 78 页上的答案。根据自身情况画叉。

☺ das kann ich gut      😐 das kann ich einigermaßen      ☹ das muss ich noch üben

**1** Begrüßen/Verabschieden    Was sagst du? 你该怎么说?

Du sagst:

a) ● Hallo. Wie heißt du?    ■ _____

b) ● Tschüs. Bis später.    ■ _____

c) ● Guten Tag. Ich bin Franz Fischer.    ■ _____

**2** Fragen und Antworten    Was passt: a , b oder c ? 选择正确答案。

1. Wie heißt du?
   a Ich mag Radfahren.
   b Fußball.
   c Ich bin Julia.

3. Wo wohnst du?
   a Aus Berlin.
   b In Budapest.
   c Super!

2. Woher kommen Sie?
   a Aus Bern.
   b In Deutschland.
   c In Wien.

4. Was magst du?
   a Ich bin Klaus.
   b Fußball.
   c Ich heiße Lea.

**3** Einen Text über mich schreiben    Ergänze den Text. 补充短文。

Ich h_____ _____ und w_____ _____ _____.

Ich m_____ _____ und _____.

Ich k_____ _____ _____.

**4** Buchstabieren    Hör zu und schreib die Namen. 听录音,写名字。

1. _____ 2. _____ 3. _____

**5** Ein Formular ergänzen    Ergänze die Informationen. 填写信息。

| Name | |
| --- | --- |
| Adresse Straße | |
| Wohnort | |
| Land | |

**6** Sagen, was du magst

Was magst du?

Ich mag _____ und _____.

Seite 5

· Ich heiße …  . . . . . . . . . . . . . .

heißen  . . . . . . . . . . . . . .

Hi!  . . . . . . . . . . . . . .

· Ich bin …  . . . . . . . . . . . . . .

sein  . . . . . . . . . . . . . .

Seite 6

ja  . . . . . . . . . . . . . .

· Wie heißt du?  . . . . . . . . . . . . . .

wie  . . . . . . . . . . . . . .

· Woher kommst du?  . . . . . . . . . . . . . .

woher  . . . . . . . . . . . . . .

kommen  . . . . . . . . . . . . . .

aus  . . . . . . . . . . . . . .

· Ich komme aus …  . . . . . . . . . . . . . .

· Wo wohnst du?  . . . . . . . . . . . . . .

wohnen  . . . . . . . . . . . . . .

wo  . . . . . . . . . . . . . .

· Da vorne.  . . . . . . . . . . . . . .

Hier.  . . . . . . . . . . . . . .

· Wir essen jetzt.  . . . . . . . . . . . . . .

essen  . . . . . . . . . . . . . .

· Bis später.  . . . . . . . . . . . . . .

· in Deutschland  . . . . . . . . . . . . . .

in  . . . . . . . . . . . . . .

Deutschland  . . . . . . . . . . . . . .

· Ich wohne in …  . . . . . . . . . . . . . .

Seite 7

buchstabieren  . . . . . . . . . . . . . .

· Guten Tag, ich bin Frau Meier.  . . . . . . . . . . . .

· Wie bitte?  . . . . . . . . . . . . . .

· Wie schreibt man das?  . . . . . . . . . . . . . .

schreiben  . . . . . . . . . . . . . .

Seite 8

Herr (Lohbach)  . . . . . . . . . . . . . .

Danke!  . . . . . . . . . . . . . .

die Anmeldung  . . . . . . . . . . . . . .

der Vorname  . . . . . . . . . . . . . .

der Familienname  . . . . . . . . . . . . . .

die Adresse  . . . . . . . . . . . . . .

die Straße  . . . . . . . . . . . . . .

der Wohnort  . . . . . . . . . . . . . .

das Land  . . . . . . . . . . . . . .

· Wie geht's?  . . . . . . . . . . . . . .

· Es geht so.  . . . . . . . . . . . . . .

· Gut, und dir/Ihnen?  . . . . . . . . . . . . . .

und  . . . . . . . . . . . . . .

Seite 9

· Was machst du jetzt?  . . . . . . . . . . . . . .

machen  . . . . . . . . . . . . . .

spielen  . . . . . . . . . . . . . .

mögen  . . . . . . . . . . . . . .

· Magst du Tennis?  . . . . . . . . . . . . . .

· Ich mag Tennis sehr.  . . . . . . . . . . . . . .

sehr  . . . . . . . . . . . . . .

Seite 10

Deutsch  . . . . . . . . . . . . . .

die Musik  . . . . . . . . . . . . . .

Einige Hobbys

| Fußball | Tennis | Basketball | Volleyball |
| Judo | Karate | Radfahren | Inliner fahren |
| Schwimmen | Surfen | Musik | Gitarre |

Begrüßungen und Verabschiedungen

Guten Morgen.

Guten Tag.

Guten Abend.

Hallo.

Auf Wiedersehen.

Tschüs.

Auf Wiedersehen.

Tschüs.

## 1 Die Neue

**a** Hör zu und ergänze die Wörter. 听录音，填写单词。

- Hallo, ich b_____ Jana. Ich b_____ neu hier.

- Hallo, ich h_____ André. Woher k_____ du?

- Ich k_____ aus Ecuador, aus Quito.
  Aber jetzt w_____ ich in Heidelberg.
  Was ist jetzt?

- Mathe. M_____ du Mathe?

- Nein, ich m_____ Mathe nicht. Und du?

- Mathe i_____ o.k. Ich mag Mathe.

**b** Was passt zusammen? Schreib Sätze. Nimm 1 Element aus A, B und C.
从 A，B 和 C 方框中各取出一个单词并造句。

| A | B | C |
|---|---|---|
| Ich̶    Woher | mag̶    kommst | Sport̶. |
| Magst    Ich | komme    wohne | Mathe?    aus Kolumbien. |
| Ich | du | in Berlin.    du? |

1. Ich mag Sport. _____

2. Magst ... _____

## 2 Hören üben

**a** Was hörst du: [a] oder [b]? Kreuze an. 你听到了 [a] 还是 [b]？请画叉。

1. [a] Ich mag Deutsch.          [b] Ich mache Deutsch.
2. [a] Magst du Sport?          [b] Machst du Sport?
3. [a] Tina mag Bio.            [b] Tina mag Bio nicht.
4. [a] Wohnst du in Basel?      [b] Ich wohne in Basel.

**b** Minidiktat – Hör zu und schreib ins Heft. 听录音，并将短文写到练习本上。

Ich heiße ...

## 3 Schulfächer

Ergänze die Dialoge. Hör zur Kontrolle. 补充对话。听录音并检查。

Dialog 1

- Aron, magst du _____?
- Ja, _____ ist super, ich m_____ auch Bio und Mathe.
- Das ist Aron. Er mag _____, Bio u_____ Mathe.

Dialog 2

- Emma, m_____ du Musik?
- Nein, ich m_____ _____ n_____. Ich m_____ _____.
- Das ist Emma. Sie mag _____ nicht. Sie mag _____.

## 4 Pause

**a** Hör zu und schreib den Dialog ins Heft. 听录音，把对话写到练习本上。

Ach so! Hallo, Lars!

Hallo, Anika.

Dein Freund?

Ja, mein Schulfreund.

Hallo, Ingo. Das ist mein Freund Lars.

• *Hallo, Anika.*

■ ...

**b** Ergänze die Verben. 补全动词。

| Infinitiv | spielen | wohnen | machen | heißen | mögen | sein |
|-----------|---------|--------|--------|--------|-------|------|
| ich | spiel__ | wohn__ | mach__ | heiß__ | | bin |
| du | spiel__ | wohn__ | mach__ | heiß__ | mag__ | b__ |
| er/es/sie | spiel__ | wohn__ | mach__ | heiß__ | | i__ |
| wir | spiel__ | wohn__ | mach__ | heiß__ | mög__ | sind |
| ihr | spiel__ | wohn__ | mach__ | heiß__ | mög__ | seid |
| sie/Sie | spiel__ | wohn__ | mach__ | heiß__ | mög__ | sind |

**c** Ergänze den Text mit Verben aus der Tabelle. 用表格中的动词补充短文。

Ami und Gina

Meine Freundin Ami und ich _____ in Klasse 7.

Sie _____ Sport und Bio.

Ich _____ Mathe und Geschichte.

Wir _____ auch Musik.

Ami _____ gut Tennis.

Wir _____ oft zusammen.

Ami m_____t auch Karate und ich m_____e Judo.

## 5 Meine Freunde

**a** Schreib Fragen für ein Interview. 为采访写问句。

– Name (wie?)     *Wie heißt du? Wie heißt sie?* _____

– Wohnort (wo?) _____

– Herkunft (woher?) _____

– ☺ ☹ (mögen) _____

– Aktivitäten (machen) _____

**b** Was ist richtig? Hör zu und kreuze an. 听录音，并在正确的选项上画叉。

1. Roberto kommt aus
   - a Italien.
   - b München.

2. Er wohnt in
   - a Mailand.
   - b München.

3. Er mag
   - a Bayern München.
   - b AC Mailand.

4. Er spielt
   - a Tennis.
   - b Fußball.

5. Jonas spielt
   - a Tennis und Basketball.
   - b Fußball und Basketball.

**6** Telefonnummern – Zahlentraining

**a** Markiere die Zahlwörter und notiere sie. 标出图中的数字并写下来。

*achtzehn* _____

_____

_____

_____

_____

_____

_____

**b** Welche Zahlen fehlen? Schreib sie. 把缺少的数字写下来。

1. sieben < _____ < neun < _____ < elf < _____ < dreizehn < _____

2. _____ > sechs > _____ > _____ > drei > _____ > _____ > null

3. zwanzig > _____ > achtzehn > _____ > _____ > fünfzehn

**c** Hör zu und schreib die Telefonnummern. 听录音，写电话号码。

1. _____     3. _____

2. _____     4. _____

**d** Schreib Informationen über einen Freund / eine Freundin. Schreib auch die Fragen.
写下一位朋友的信息，并提问。

| Information | | |
|---|---|---|
| Bild hinzufügen | Vorname | |
| | Name | |
| Telefonnummer | | |
| Handynummer | | |
| | | |

Fragen

*Wie heißt er?* _____

_____ ?

_____ ?

_____ ?

_____ ?

**e** Die Schule ist aus. Hör zu und ergänze den Dialog. 放学了。听录音，补充对话。

● Tschüs, Fabian, bis morgen!

■ Wie ist _*deine*_ Handynummer, Anja?

● _____. Und _____?

■ _____. Und _____ Adresse

   ist Martinstraße _____.

● Wie _____ man das?

■ M-a-r-t-i-n-s-t-r-a-ß-e _____.

● _____, tschüs, bis morgen.

**7** Die Zahlen bis 1.000

Was hörst du? Notiere die Zahlen und lies laut. 把你听到的数字写下来并朗读。

a) _____  b) _____  c) _____  d) _____

e) _____  f) _____  g) _____  h) _____

**8** Zahlenspiele

**a** Hör zu und ergänze immer die nächste Zahl. Sprich sie laut.
听录音，填写并补充下一个数字。朗读你写的数字。

a) | 21 | 22 | | | | | | |

b)

c)

d)

**b** Zahlenkette – Ergänze die nächsten zwei Zahlen. 补充后两个数字。

a) fünf < zehn < *fünfzehn* < _____ < _____

b) einhundertzehn > neunzig > siebzig > _____ > _____

c) drei < neun < siebenundzwanzig < _____ < _____

d) sieben < vierzehn < achtundzwanzig < _____ < _____

**c** Schreib auch Zahlenreihen. Die anderen ergänzen. 编写数字接龙，其他同学补充。

**9** Schulsachen

Schreib die Wörter. Hör zur Kontrolle und lies laut. 写单词。听录音检查，并朗读。

der

_____  _____  _____  _____

das

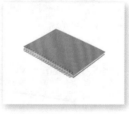      

_____  _____  _____  _____

die

_____  _____  _____  _____

## 10 Der Wortakzent

🔊 **Hör zu und markiere den Wortakzent. 听录音并标出词重音。**

| | | | |
|---|---|---|---|
| der Kleber | der Taschenrechner | der Laptop | das Schreibheft |
| das Tablet | der Radiergummi | das Smartphone | das Lineal |
| | | | |
| die Vorwahl | die Telefonnummer | die Polizei | die Adresse |
| die Handynummer | die Hausnummer | die Feuerwehr | die Postleitzahl |

## 11 Ist das ein Bleistift?

🔊 **a Was ist in Gabis Rucksack? Hör zu und kreuze an. Gabi 的背包里有什么？听录音并画叉。**

**b Was ist in deinem Schulrucksack? Schreib auf. 你的书包里有什么？写下来。**

_____

_____

_____

_____

## 12 Meine Freunde

**a Schreibtraining – Lies den Tipp und ergänze die fehlenden Buchstaben und Satzzeichen.**
读提示，补充缺少的字母和标点符号。

**b Schreib die Antworten ins Heft.**
把下面的回答写到练习本上。

– Wie heißt dein Freund/deine Freundin?

– Woher kommt er/sie?

– Was mag er/sie?

– Was macht ihr zusammen?

Mein Tipp:
Nomen (Freund) und Namen (Jana) schreibt man groß.

Mein ___reund ___ndre
spielt ___itarre___

## Leseecke

**Das Internet-Freunde-Puzzle – Ordne die Texte zu.** 将短文与对应的图片配对。

**Wer ist mit wem befreundet? Alle haben zwei Freunde.** 谁是谁的朋友？每个人都有两个朋友。

Noel    + _____    + _____

Nele    + _____    + _____

A Noel, 12, Konstanz (Deutschland)

B Kilian, 12, Zug (Schweiz)

C Jakob, 13, Graz (Österreich)

D Nele, 12, Kiel (Deutschland)

E Pia, 13, Lugano (Schweiz)

F Ida, 12, Linz (Österreich)

**1**

Ich mag Sport. Ich spiele aber nicht Basketball. Das macht mein Freund Kilian.
Ich habe eine Freundin. Sie wohnt nicht in Konstanz wie ich. Fußball spielt sie nicht gern, aber sie mag Musik.

**2**

In meinem Land mögen fast alle Skifahren, aber ich nicht. Ich habe einen Freund in Deutschland. Er spielt gern Tennis.
Meine Freundin ist 13.

**3**

Meine Freundinnen machen gerne Sport.
Die eine wohnt nicht in Österreich. Sie mag Mathe und Bio. Ich mag Bio auch, aber Mathe mag ich nicht. Die andere Freundin wohnt in Linz.

**4**

Ich bin 12 Jahre alt.
Ich habe einen Freund. Wir mögen beide Bio und wir machen beide gerne Sport.
Meine Freundin mag auch Sport, aber ihr Lieblingsfach ist Englisch.

**5**

Ich bin 13. Ich lerne Deutsch in der Schule. Wir sprechen Italienisch zu Hause.
Meine Freunde in Deutschland und in der Schweiz mögen Sport.

**6**

Ich bin 12 Jahre alt.
Mein Freund macht auch Sport, aber er spielt nicht gern Tennis.
Mein Freund und meine Freundin mögen Bio. Ich lerne gerne Sprachen.

## BINGO

**Schreib in die Tabelle neun Schulsachen. Hör zu und kreuze an.** 将9种学习用品写到表格中。听录音并画叉。
**Hast du drei „Richtige" senkrecht ↑, waagerecht → und/oder diagonal ↗? BINGO!**
如果你找到三个纵向、横向或斜向的用品，那就完成任务了！

Mach die Übungen. Kontrolliere im Schlüssel auf Seite 78 und kreuze an:
做下面的练习并比对第 78 页上的答案。根据自身情况画叉。

☺ das kann ich gut       ☺ das kann ich einigermaßen       ☹ das muss ich noch üben

🔊 **1** Sagen, was du magst / nicht magst  Hör zu und schreib die Antworten. 听录音并回答问题。

1. ● Magst du Mathe?              ■ _____

2. ● Ich mag Fußball. Und du?     ■ _____

3. ● Geschichte ist super!        ■ _____

☐ ☺
☐ ☺
☐ ☹

**2** Fragen und Antworten    Ordne zu. 将问句与答句配对。

1. Spielt ihr heute Nachmittag Tennis?    _____   a) Es geht.

2. Magst du Mathe?                        _____   b) Ja, aus Berlin.

3. Wie heißt deine Schule?                _____   c) „Spitzer", das ist ein Spitzer.

4. Kommt dein Freund aus Deutschland?     _____   d) Keine Ahnung.

5. Wie heißt das auf Deutsch?             _____   e) „Europaschule".

☐ ☺
☐ ☺
☐ ☹

**3** Fragen zu Personen    Schreib die Fragen zu den Antworten. 根据回答提问。

● _____

■ Meine Freundin heißt Anna.

● _____

■ Nein, ich mag Geschichte nicht. Ich mag Erdkunde.

● _____

■ 506 871 923. Und deine?

☐ ☺
☐ ☺
☐ ☹

**4** Sachen benennen    Wie heißt das auf Deutsch? 这用德语怎么说？

1. _der_____   2. _____   3. _____   4. _____

5. _____   6. _____   7. _____   8. _____

☐ ☺
☐ ☺
☐ ☹

Seite 13

die Klasse . . . . . . . . . . . . . . . .

· meine Klasse . . . . . . . . . . . . . . . .

die Pause . . . . . . . . . . . . . . . .

· Jetzt ist Pause. . . . . . . . . . . . . . . . .

Seite 14

aber . . . . . . . . . . . . . . . .

· Was ist jetzt? . . . . . . . . . . . . . . . .

· Magst du Bio? . . . . . . . . . . . . . . . .

· Und du? . . . . . . . . . . . . . . . .

· auch gut . . . . . . . . . . . . . . . .

auch . . . . . . . . . . . . . . . .

· Nein, ich mag Bio nicht. . . . . . . . . . . . . . . . .

nein . . . . . . . . . . . . . . . .

nicht . . . . . . . . . . . . . . . .

langweilig . . . . . . . . . . . . . . . .

super . . . . . . . . . . . . . . . .

· Mathe ist super! . . . . . . . . . . . . . . . .

· Na ja, es geht. . . . . . . . . . . . . . . . .

· Ja, sehr. . . . . . . . . . . . . . . .

· Wie heißt … auf Deutsch? . . . . . . . . . . . .

toll . . . . . . . . . . . . . . . .

blöd . . . . . . . . . . . . . . . .

Seite 15

die Freundin . . . . . . . . . . . . . . . .

· meine Freundin . . . . . . . . . . . . . . . .

der Freund . . . . . . . . . . . . . . . .

· mein Freund . . . . . . . . . . . . . . . .

spielen . . . . . . . . . . . . . . . .

viel . . . . . . . . . . . . . . . .

zusammen . . . . . . . . . . . . . . . .

nur . . . . . . . . . . . . . . . .

· Wir spielen . . . . . . . . . . . . . . . .

  viel zusammen. . . . . . . . . . . . . . . . .

der Nachmittag . . . . . . . . . . . . . . . .

· heute Nachmittag . . . . . . . . . . . . . . . .

· Keine Ahnung. . . . . . . . . . . . . . . .

gern . . . . . . . . . . . . . . . .

Seite 16

lernen . . . . . . . . . . . . . . . .

morgen . . . . . . . . . . . . . . . .

· Tschüs, bis morgen! . . . . . . . . . . . . . . . .

die Handynummer . . . . . . . . . . . . . . . .

Seite 17

die Postleitzahl . . . . . . . . . . . . . . . .

die Hausnummer . . . . . . . . . . . . . . . .

Seite 18

der Bleistift . . . . . . . . . . . . . . . .

der Kuli . . . . . . . . . . . . . . . .

das Smartphone . . . . . . . . . . . . . . . .

die Schere . . . . . . . . . . . . . . . .

der Radiergummi . . . . . . . . . . . . . . . .

der Kleber . . . . . . . . . . . . . . . .

das Buch . . . . . . . . . . . . . . . .

das Lineal . . . . . . . . . . . . . . . .

die Sporttasche . . . . . . . . . . . . . . . .

die Brille . . . . . . . . . . . . . . . .

der Taschenrechner . . . . . . . . . . . . . . . .

das Wörterbuch . . . . . . . . . . . . . . . .

das Tablet . . . . . . . . . . . . . . . .

der Laptop . . . . . . . . . . . . . . . .

der Computer . . . . . . . . . . . . . . . .

der USB-Stick . . . . . . . . . . . . . . . .

der Rucksack . . . . . . . . . . . . . . . .

der Schreibblock . . . . . . . . . . . . . . . .

die Brotdose . . . . . . . . . . . . . . . .

das Heft . . . . . . . . . . . . . . . .

die Uhr . . . . . . . . . . . . . . . .

das Mäppchen . . . . . . . . . . . . . . . .

Einige Schulfächer

Deutsch

Englisch

Französisch

Mathe/Mathematik

Physik

Biologie

Erdkunde/Geografie

Geschichte

Erdkunde

Kunst

### 1 Lieblingstiere

Hör zu. Ergänze die Artikel und markiere den Wortakzent. 听录音，补充定冠词并标出词重音。

_die_ K<u>a</u>tze      ____ Schildkröte      ____ Wellensittich      ____ Känguru      ____ Kaninchen

### 2 Die Vokale a, e, i, o, u: lang _ oder kurz · ?

**a** Hör zu und sprich nach. Markiere den Vokal: lang _ oder kurz ·.
听录音并跟读。标出元音的长短音，长元音用 "_" 标出，短元音用 "·" 标出。

| die Zahl | die Brille | das Tennis | die Brotdose | der Rucksack |
| die Tasche | spielen | der Kleber | die Sporttasche | das Buch |

**b** Welche Wörter haben einen langen Vokal? Schreib die Wörter und lies sie laut.
哪些单词中有长元音？写出单词并朗读。

_die Zahl_ _____

### 3 Tiernamen und Kontinente

Hör zu und schreib das Wort. Markiere den Wortakzent. Ist der Vokal lang oder kurz?
听录音并写出单词。标出词重音和元音的长短音。

1. _Nordamerika_ _____
2. S _____
3. A _____
4. E _____
5. A _____
6. A _____
7. A _____

### 4 Haustiere

**a** Schreib die Dialoge ins Heft. 将对话按正确的顺序写到练习本上。

Dialog 1

● Hast du ein Haustier?

● Ich habe einen Hund.

● Racker.

■ Ja, ich habe einen Hamster. Und du?

■ Wie heißt er?

Dialog 2

● Ich habe eine Spinne.

● Hast du ein Haustier?

● Ja, sie heißt Piri.

■ Nein. Und du?

■ Was, eine Spinne? Cool!

**b** Ergänze *haben*. 填写动词 haben。

Dialog 1

Dialog 2

● _____ du ein Haustier, Sabrina?

■ Nein, ich _____ kein Haustier. Und du, Leon?

● Ich _____ zwei Katzen.

> *Sabrina _____ kein Haustier,*
> *Leon _____ zwei Katzen.*

● _____ ihr ein Haustier, Tom und Pia?

■ Ja klar, wir _____ viele Haustiere:
Spinnen, Mäuse und einen Tiger.

● Aber das sind doch keine Haustiere!

> *Tom und Pia _____*
> *keine Haustiere.*

**c** Mach eine Tabelle. Was ist anders im Akkusativ? Markiere.
按示例填写表格。第四格中有什么不一样？请标出。

| Artikel | Nomen | | Nominativ | Akkusativ |
|---------|-------|---|-----------|-----------|
| der | Hund | 🐕 | Das ist ein Hund. | Ich habe einen Hund. |
| | Pferd | 🐎 | | |
| | Katze | 🐈 | | |
| | Kuli | ✏ | | |
| | Heft | 📓 | | |
| | Brille | 👓 | | |

**5** Hast du …? – Ein Suchspiel

**Sieh dir die Bilder an und schreib die Sätze.** 看图造句。

Was hat Leon und (hat) Sophie nicht?   Leon hat *einen Radiergummi.* _____

_____

Was hat Sophie und (hat) Leon nicht?   Sophie hat *eine Brille.* _____

_____

Was haben Leon und Sophie beide?   Leon und Sophie haben _____

_____

### 6 Ja/Nein-Fragen

**a** Wiederholung: Verbformen – Ergänze den Dialog. 补充对话。

● Wie _heißt_ du?

■ Ich h_____ Rashid.

● H_____ du gerne Musik?

■ Ja, ich m_____ Hip-Hop und Funk.

● H_____ du auch Klassik?

■ Klassik? Was i_____ das?

● Frau Kahn, m_____ Sie auch Funk?

▶ Nein, ich h_____ nur klassische Musik.

● H_____ Sie einen MP3-Spieler?

▶ Ja, aber wir h_____ auch viele CDs.

**b** Wiederholung: Aussagesätze – Schreib die Sätze in die Tabelle. 将句子写到表格中。

|  | Verb |  |  |
|---|---|---|---|
| heißt / er / Jens / . | Er |  |  |
| wohnen / sie / in Basel / . |  |  | in Basel. |
| komme / ich / aus Wien / . |  |  |  |
| hat / sie / ein Handy / . |  |  |  |

**c** Ja/Nein-Fragen – Schreib die Fragen in die Tabelle. 将问句写到表格中。

|  | Verb |  |  |
|---|---|---|---|
| heißt / du / Jens / ? | Heißt |  |  |
| wohnst / du / in Basel / ? |  |  | in Basel? |
| kommen / Sie / aus Wien / ? |  |  |  |
| haben / Sie / ein Haustier / ? |  |  |  |

**d** Satzmelodie – Hör die Ja/Nein-Fragen aus 6c und sprich nach. 听练习 6c 中的一般疑问句并跟读。

*Heißt du Jens?* ↗

### 7 Interviews in der Klasse

**a W-Fragen – Ergänze das Fragewort. 填写疑问代词。**

was – wer – wie – wie – wo – woher

_____ ist dein Lieblingstier?          _____ ist deine Spinne?

_____ alt ist deine Katze?          _____ hat einen Hund?

_____ kommt das Känguru?          _____ heißt dein Hund?

**b Schreib die Ja/Nein-Fragen: Du-Form, Ihr-Form, Sie-Form.**
**写出一般疑问句 "du，ihr，Sie" 的三种形式。**

1. heißen / Schulz

2. kommen / aus der Schweiz

3. sein / Schüler

4. lernen / Deutsch

> *Heißt du Schulz?*
>
> *Heißt …?*
>
> *Heißen …?*

### 8 Sophias Hund

**a Fragen und Antworten – Ordne zu. 将提问和回答配对。**

| | | |
|---|---|---|
| 1. Hast du ein Lieblingstier? | \_\_\_\_ | a) Aus der Antarktis. |
| 2. Hast du einen Hamster? | \_\_\_\_ | b) Er ist drei Jahre alt. |
| 3. Hast du Haustiere? | \_\_\_\_ | c) Er spielt gern. |
| 4. Ist deine Spinne groß? | \_\_\_\_ | d) In Afrika, Asien und Australien. |
| 5. Mag dein Hund Katzen? | *1* | e) Ja, der Delphin ist mein Lieblingstier. |
| 6. Mag deine Katze Salat? | \_\_\_\_ | f) Ja, ich mag sie sehr. |
| 7. Magst du auch Pferde? | \_\_\_\_ | g) Ja, Pferde mag ich sehr. |
| 8. Magst du Eisbären? | \_\_\_\_ | h) Mieze. |
| 9. Was mag er gern? | \_\_\_\_ | i) Nein, aber er mag meine Vögel. |
| 10. Wie alt ist er? | \_\_\_\_ | j) Nein, ich habe kein Haustier. |
| 11. Wie groß ist dein Hund? | \_\_\_\_ | k) Nein, Katzen mögen keinen Salat. |
| 12. Wie heißt dein Lieblingstier? | \_\_\_\_ | l) Nein, sie ist ganz klein. |
| 13. Wie heißt dein Hamster? | \_\_\_\_ | m) Nicht groß. Er ist klein. |
| 14. Wie heißt deine Katze? | \_\_\_\_ | n) Rex. Das ist mein Hund. |
| 15. Woher kommt der Pinguin? | \_\_\_\_ | o) Tobias. |
| 16. Wo wohnen Kamele? | \_\_\_\_ | p) Nein, aber eine Maus. |

**b Interviews – Hör zu und kreuze an. 听录音，在正确的选项上画叉。**

1. Das Lieblingstier von Lea ist …

  a            b            c

2. Sebastian hat …

  a            b            c

3. Georgs Haustier ist ein …

a  *das Häschen*          b          c

### 9 Viele Dinge

**a** Ergänze die Pluralformen. 填写名词复数形式。

das Heft, _–e_ _____     der Taschenrechner, _____     die Brille, _____

der Bleistift, _____     der Laptop, _____     die Sporttasche, _____

das Mäppchen, _____     der Kuli, _____     der Rucksack, _____

**b** Welche Wörter haben dieselbe Pluralendung?
Notiere und markiere. 哪些单词复数形式是相同的？
写下来并标出相同的复数词尾。

*die Hefte , die Bleistifte*

### 10 Farben

**a** Schreib die Farben zu den Tieren. 写出以下动物的颜色。

1 _blau_     2 _____     3 _____     4 _____     5 _____     6 _____     7 _____

**b** Das ist alles falsch. Welche Farbe haben die Tiere? Schreib wie im Beispiel.
这些全错了。这些动物是什么颜色的？
模仿例子写句子。

*1. Elefanten sind nicht blau. Sie sind grau.*

### 11 Ein Tier beschreiben

**Ergänze die Pronomen:** *er, es, sie, sie* 填写代词："er"，"es"，"sie"，"sie"。

1. Lisa hat einen Hund. _____ ist schwarz und weiß.

2. Lukas hat eine Katze. _____ mag Mäuse.

3. Ich habe drei Meerschweinchen. _____ mögen Karotten.

4. Magnus hat ein Pferd. _____ ist groß.

### 12 Tiere in Deutschland

**Lies den Text und kreuze an: richtig oder falsch?** 阅读短文，判断正误并画叉。

**Zoos in Deutschland**

In Deutschland gibt es fast 900 Zoos. Die Zoos in München, Hamburg und Berlin sind sehr groß. Sie haben jeweils ungefähr 15.000 Tiere. Die Tiere kommen aus Europa, Asien, Afrika sowie Nord- und Südamerika. Auch aus der Arktis und der Antarktis kommen Tiere in den Zoo, zum Beispiel die Eisbären in Berlin und die Pinguine in München.

Im Zoo in Duisburg leben die Delfine in einem Swimming-Pool mit drei Millionen Liter Wasser. Es gibt manchmal auch Delfin-Babys in Duisburg. Die Besucher mögen die Delfin-Babys sehr.

Der Zoo in Frankfurt ist über 150 Jahre alt, aber er ist sehr modern. Das Affenhaus ist ganz neu und sehr schön. In Frankfurt gibt es viele Menschenaffen.

| | richtig | falsch |
|---|---|---|
| 1. Im Zoo in München gibt es 900 Tiere. | richtig | falsch |
| 2. Der Zoo in Berlin hat ungefähr 15.000 Tiere. | richtig | falsch |
| 3. Die Zoos haben auch Tiere aus der Arktis. | richtig | falsch |
| 4. Die Delfine leben in einem Swimmingpool. | richtig | falsch |
| 5. Der Zoo in Frankfurt ist nicht modern. | richtig | falsch |

## Leseecke

**Welche Reaktion passt? Kreuze an.** 看看哪个回答合适，并画叉。

1. Guten Tag, wie heißen Sie?
   a Mein Name ist Paul Paulsen.
   b Blumenstraße 34.

2. Wohnt deine Freundin auch in Bern?
   a Nein, Robert.
   b Nein, in Basel.

3. Spielst du auch Fußball?
   a Ja, gerne.
   b Ja, einen Hund.

4. Hallo! Wie geht es dir?
   a Auf Wiedersehen.
   b Danke, gut.

5. Ich mag Mathe nicht!
   a Ja, sehr.
   b Ich mag Mathe sehr.

6. Wie alt bist du?
   a 13.
   b Ja, bitte.

7. Wie ist deine Handynummer?
   a 0162 2090503.
   b 21.

8. Bist du auch 13?
   a Ich bin schon 14!
   b Ich bin in Klasse 7.

## Zahlenbild

**Du hörst Zahlen. Verbinde die Zahlen. Wie heißt das Tier?** 听数字并把数字连接起来。这只动物叫什么名字？

```
        3  2  1  5  6  7
      4  8  12 13  9  10  11
  16   20  23 22  14  15  17  18
    19  21 29
      24 25  26 31  27  30  33  34
             36  32     41  35  42  43
  39 37 38    44   47     56  60  61
   40  45 46 48      59
                57    64  58  62  68
     51 53   49  55 66
   52 54  50     77  69   67  76  73
          83  63 65 78
     80  79  71  84   74   70  91   100  101  102  103
                72     99 112 96   97  92  93  94
      104   82       86  87  88  89  90
   105  81      95 108  109       98
      106  107    111  110   85   114  113  115
```

**Lösungswort:**

Das ist ein K_____.

## Meine Ecke

Sieh dir die Tiere an und gib ihnen einen Fantasienamen auf Deutsch.
Vergleicht in der Klasse. Wer hat den originellsten Namen?
仔细观察下列动物并用德语给它们起名字。在课堂中比一比，谁起的动物名字最独特？

Mach die Übungen. Kontrolliere im Schlüssel auf Seite 78 und kreuze an:
做下面的练习并比对第 78 页上的答案。根据自身情况画叉。

☺ das kann ich gut    😐 das kann ich einigermaßen    ☹ das muss ich noch üben

**1** Über Tiere sprechen    Schreib die Antworten. 写答句。

1. Hast du ein Haustier? _____

2. Hast du eine Katze? _____

3. Was ist dein Lieblingstier? _____

4. Magst du Spinnen? _____

5. Mag dein Freund / deine Freundin Hunde? _____

**2** Über Tiere sprechen    Schreib die Fragen. 写问句。

1. _____ Ich habe einen Hund.

2. _____ Er heißt Cox.

3. _____ Er ist sechs Jahre alt.

4. _____ Mein Lieblingstier heißt Cox.

5. _____ Nein, ich mag keine Katzen.

**3** Berichten    Schreib im Heft über Siri. 在练习本上写一写有关 Siri 的情况。

**Siri:** Klasse 7, 13 Jahre
**Lieblingstier:** Katze, mag Hunde und Mäuse
**Katze:** Mux, 3 Jahre, schwarz, sehr lieb
**Hund:** Tasso, 5 Jahre, braun, groß

*Das ist Siri. Sie ...*

**4** Wie viele ... sind das?

A     B     C

*Das sind* _____    _____    _____

🔊 **5** Einen Hörtext über Lieblingstiere verstehen    Kreuze an: [ richtig ] oder [ falsch ]?
判断正误并画叉。

1. Anke hat eine Katze.              [ richtig ]    [ falsch ]
2. Ankes Haustier heißt „Tiger".    [ richtig ]    [ falsch ]
3. Anke hat zwei Hunde.             [ richtig ]    [ falsch ]
4. Anke mag Tiger.                  [ richtig ]    [ falsch ]

Seite 21

die Katze, -n . . . . . . . . . . . . . . . .

· Das ist meine Katze. . . . . . . . . . . . . . . .

alt . . . . . . . . . . . . . . . .

· Meine Katze ist vier . . . . . . . . . . . . . . . .
  Jahre alt. . . . . . . . . . . . . . . .

das Jahr, -e . . . . . . . . . . . . . . . .

der Hund, -e . . . . . . . . . . . . . . . .

Seite 22

das Lieblingstier, -e . . . . . . . . . . . . . . . .

· Das weiß ich nicht. . . . . . . . . . . . . . . .

glauben . . . . . . . . . . . . . . . .

Seite 23

das Haustier, -e . . . . . . . . . . . . . . . .

kein, keine . . . . . . . . . . . . . . . .

der Vogel, "– . . . . . . . . . . . . . . . .

aber . . . . . . . . . . . . . . . .

Seite 25

das Land, "-er . . . . . . . . . . . . . . . .

die Stadt, "-e . . . . . . . . . . . . . . . .

das Alter . . . . . . . . . . . . . . . .

das Hobby, -s . . . . . . . . . . . . . . . .

von . . . . . . . . . . . . . . . .

· der Hund von Sophie . . . . . . . . . . . . . . . .

die Party, -s . . . . . . . . . . . . . . . .

Seite 26

oder . . . . . . . . . . . . . . . .

Seite 27

der Salat, -e . . . . . . . . . . . . . . . .

die Karotte, -n . . . . . . . . . . . . . . . .

· Er mag Karotten. . . . . . . . . . . . . . . .

klein . . . . . . . . . . . . . . . .

groß . . . . . . . . . . . . . . . .

stark . . . . . . . . . . . . . . . .

süß . . . . . . . . . . . . . . . .

schnell . . . . . . . . . . . . . . . .

die Million, -en . . . . . . . . . . . . . . . .

fast . . . . . . . . . . . . . . . .

· fast 10 Millionen . . . . . . . . . . . . . . . .

über . . . . . . . . . . . . . . . .

· über 10 Millionen . . . . . . . . . . . . . . . .

leben . . . . . . . . . . . . . . . .

die Wohnung, -en . . . . . . . . . . . . . . . .

es gibt . . . . . . . . . . . . . . . .

viele . . . . . . . . . . . . . . . .

andere . . . . . . . . . . . . . . . .

z. B. (zum Beispiel) . . . . . . . . . . . . . . . .

usw. (und so weiter) . . . . . . . . . . . . . . . .

Kontinente

Afrika

Antarktis

Asien

Australien

Europa

Nordamerika

Südamerika

Farben

grau

schwarz

weiß

rot

grün

blau

gelb

braun

### Lesen und verstehen

**Lies den Text und ergänze die Wörter. 读短文，选词填空。**

| Adresse | Telefonnummer | Familienname | Postleitzahl | Vorname | Stadt |

- ■ Willkommen im Hegau-Familiencamping am Bodensee. Wie ist ihr Name?
- ● Mein _____ ist Rychli.
- ■ Entschuldigung, wie schreibt man das?
- ● R-Y-C-H-L-I.
- ■ Rychli, ja, und der _____?
- ● Sabine.
- ■ Wie ist Ihre _____?
- ● Ich wohne in der Basler Straße 23.
- ■ Wie heißt die _____?
- ● Das ist in Frankfurt am Main.
- ■ Ah ja, und die _____?
- ● 60329.
- ■ Gut. Und jetzt brauche ich noch Ihre _____.
- ● 0162 208 214 8.
- ■ Danke schön und viel Spaß!

### Hören und verstehen

**Was mögen Daniel und Kira? Was mögen sie nicht? Kreuze an. Daniel 和 Kira 喜欢什么？不喜欢什么？请画叉。**

| | 🎵 | 🏃 | 📖 |
|---|---|---|---|
| ☺ Das mag Daniel. | ☐ | ☐ | ☐ |
| ☹ Das mag Daniel nicht. | ☐ | ☐ | ☐ |
| ☺ Das mag Kira. | ☐ | ☐ | ☐ |
| ☹ Das mag Kira nicht. | ☐ | ☐ | ☐ |

### Phonetik

**a Silbenrätsel – Such die neun Wörter. 组合音节，拼出 9 个单词。**

bie　buch　D̶e̶u̶t̶s̶c̶h̶　dier　gei　gum　l̶a̶n̶d̶　Lieb　lings　men　mi　ne　Ös　Pa

pa　per　Ra　reich　ren　sam　sta　su　Spin　ter　tier　zu

1. Deutschland                                      4. s_____    7. b_____
2. Ö_____    5. R_____    8. z_____
3. S_____    6. P_____    9. L_____

**b Hör die Wörter aus a. Markiere den Wortakzent: lang _ oder kurz ·.**
**听 a 中的单词并标出词重音。长元音用 "_" 标出，短元音用 "·" 标出。**

Lesen und verstehen

**a** Ergänze die Fragen. 补充问句。

Wie ist deine Handynummer?  Wie heißt du?  Spielst du Volleyball?  Und du?

Magst du Volleyball?  Woher kommst du?  Und deine?  Wo wohnst du?

Hast du auch einen Hund?  Ist das dein Hund?  Was machst du heute Nachmittag?

● _Wie heißt du?_

■ Ich bin Vanessa. _____?

● Ich heiße Florian. _____?

■ Aus Spanien und jetzt wohne ich in Deutschland. _____?

● Ich auch. _____?

■ Ja, er heißt Don und ist heute zwei Jahre alt. _____?

● Nein, ich habe kein Haustier. _____?

■ Nein, ich spiele Basketball und Tennis. _____?

● Ja, und ich mache auch Karate. _____?

■ Keine Ahnung. _____?

● Meine Handynummer ist 0162 208 998 2. _____?

■ 0162 209 050 3.

● Bist du auf Facebook?

■ Ja klar.

**b** Vanessa und Florian – Ergänze den Text. 补充短文。

Vanessa _____ aus _____ und _____ jetzt

in _____. Sie hat _____ Hund, er _____ Don

und _____ _____ Jahre alt. Sie spielt _____ und

_____. Florian hat _____ Hund. Er _____ in

Deutschland, er _____ Volleyball und _____ Karate.

**c** Wo wohnen Vanessa und Florian?  Vanessa 和 Florian 住在哪里？

Vanessa:   07743
Postleitzahl
  Gera: null, sieben, fünf, vier, fünf
  Jena: null, sieben, sieben, vier, drei
  Erfurt: neun, neun, null, acht, vier
  Weimar: neun, neun, vier, zwei, drei

Sie wohnt in _____.

Florian:   50667
Postleitzahl
  Bonn: fünf, drei, eins, eins, eins
  Düsseldorf: vier, null, zwei, eins, null
  Dortmund: vier, vier, eins, drei, fünf
  Köln: fünf, null, sechs, sechs, sieben

Er wohnt in _____.

**d** Vanessa und Florian – Beantworte die Fragen. 回答问题。

1. Woher kommt Vanessa?   *Sie kommt aus Spanien.* _____

2. Wohnt sie in Deutschland? _____

3. Hat sie ein Haustier? _____

4. Was spielt sie? _____

5. Wie alt ist Don? _____

6. Hat Florian einen Hund? _____

7. Wohnt er in Spanien? _____

8. Was spielt er? _____

9. Was macht er noch? _____

10. Spielt er Volleyball? _____

Lesen und schreiben

**a** Lies Florians Nachricht und kreuze an. 阅读 Florian 的消息，判断正误并画叉。

Hallo, Vanessa! Wie geht's? Ich bin jetzt wieder zu Hause und höre gerade Musik: „Hinterland" von Casper. Magst du Casper? Das ist Hip-Hop und Pop. Der ist super. Er ist im Moment mein Lieblingssänger. Ich höre aber auch Rock und Funk UND ich mag die Beatles. Echt! Und du? Tschüs, Flori

1. Florian ist in Deutschland.  R  F
2. Er hört Casper.  R  F
3. Er hat keinen Lieblingssänger.  R  F
4. Er mag keine Rock-Musik.  R  F
5. Er hört gern die Beatles.  R  F

**b** Schreib Vanessas Antwort. Vergleicht in der Klasse.
为 Vanessa 给 Florian 写一封回信。在课堂上比较你们的回信。

Wortschatz trainieren

**a** Ein Klassenzimmer – Schreib die Wörter zu den Zahlen 1–14. 写出每个数字对应的单词。

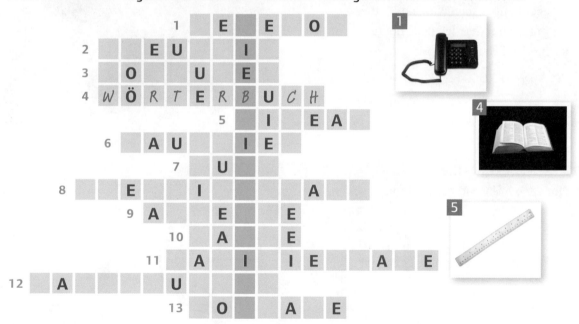

1. *das Heft* _____
2. _____
3. _____
4. _____
5. _____
6. _____
7. _____
8. _____
9. _____
10. _____
11. *die Schülerin*
12. _____
13. _____
14. _____

**b** Kreuzworträtsel – Ergänze das Rätsel. Wie heißt das Lösungswort? 补充字谜。答案是什么?

|   | 1 | E |   | E |   | O |   |
|---|---|---|---|---|---|---|---|
| 2 | E | U |   | I |   |   |   |
| 3 | O |   | U | E |   |   |   |
| 4 | W Ö R T E R B U C H |

1 (Bild: Telefon)
4 (Bild: Wörterbuch)
5 (Bild: Lineal)

2 Rita ist meine … Wir machen viel zusammen.　3 Ich spiele gern am C…
6 Ich habe ein … Eine Katze.　7 Wau! Wau, wau!　8 Mein … ist Bio. Ich mag Bio wirklich sehr.
9 Meine … ist Kantstraße 12 in 68535 Edingen.　10 Nr. 7 mag sie nicht.
11 ● Wie ist Ihr …? ■ Strauß.　12 ● Wie ist Ihre Telefonnummer, Herr Strozek? ■ Ich habe nur
Handy. Meine … ist 0162 208 998 2.　13 ● Und wie ist Ihr …, Herr Strauß? ■ Ich heiße Klaus.

**Lösungswort** (senkrecht ⬇): Mein … ist der Pinguin.

## 1 Timo, aufstehen!

**a** Ergänze den Dialog. Hör zur Kontrolle. 补充对话。听录音并检查。

● Timo, a_____n!

■ Ich b_____ so m_____e. Wie v_____ U_____ ist es?

● _____ ist schon h_____ sieben.

A_____!

■ H_____ sieben? Ich habe am

M_____ um h_____ neun Schule.

● Timo, heute ist Do_____,

nicht M_____!

■ Was? Ich b_____ zu s_____. Ich habe heute um

V_____ vor acht Schule.

**b** Ordne den Dialog. Hör zur Kontrolle. 将对话按正确的顺序排列。听录音并检查。

● Am Mittwoch hast du immer um Viertel vor acht
Schule.

● Es ist Viertel nach sechs.

● Guten Morgen, Kira.

■ Guten Morgen, Mama. Wie viel Uhr ist es?

■ Ja, aber heute haben wir kein Mathe.

■ Viertel nach sechs? Ich habe heute erst um Viertel
nach neun Schule.

> ● *Guten Morgen, Kira.*
>
> ■ *...*

## 2 Wie viel Uhr ist es?

**a** Notiere die Uhrzeiten. 写一写时间。

**1**

Es ist Viertel nach
acht.

**2**

Es ist halb ...

**3**

_____

_____

**4**

_____

_____

**5**

_____

_____

**6**

_____

_____

**7**

_____

_____

**8**

_____

_____

**b** Was hörst du: a oder b? Kreuze an. 你听到了 a 还是 b？请画叉。

1. a `16:45`　b `17:05`　　3. a `12:15`　b `12:05`
2. a `08:00`　b `18:00`　　4. a `19:00`　b `18:50`

**c** Hören üben – Was hörst du: a oder b? Kreuze an. 你听到了 a 还是 b？请画叉。

1. a Es ist zwei Uhr.　　　　　　　b Es ist drei Uhr.
2. a Wir haben um Viertel nach acht Schule.　b Wir haben um Viertel vor acht Schule.
3. a Ist es schon halb neun?　　　　b Es ist schon halb neun.
4. a Heute ist Dienstag.　　　　　　b Heute ist Donnerstag.
5. a Ich habe heute eine AG.　　　　b Ich habe heute keine AG.

### 3 Timos Schultag

**a** Wiederholung – Rechenaufgaben: Schreib das Ergebnis als Wort. 写出以下各题的答案。

a) 30 – 23　　b) 3 · 4　　c) 34 : 2　　d) 110 : 5　　e) 9 · 9
*sieben*

f) 211 – 111　　g) 12 · 6　　h) 130 : 2　　i) 345 – 249　　j) 187 : 17

**b** Offizielle Uhrzeiten – Welche Uhrzeit hörst du: a oder b? 你听到的时间是 a 还是 b？
Hör zu und kreuze an. 听录音，请画叉。

1. a 6:30　b 16:30　｜5. a 20:25　b 20:52
2. a 13:35　b 3:35　｜6. a 22:23　b 22:22
3. a 0:45　b 0:54　｜7. a 23:34　b 23:43
4. a 9:50　b 19:50　｜8. a 00:17　b 00:07

**c** Lies Timos Profil auf Seite 36 im Schülerbuch und die Sätze 1–7.
Was steht im Text? Kreuze an: R richtig oder F falsch.
阅读教科书中 Timo 的个人资料和以下 7 个句子。哪些内容是课文中
提到的？判断正误并画叉。

1. Timo mag Radfahren.　　　　　　　　R　F
2. Timo hat viele Freunde im Internet.　　R　F
3. Timo hat zwei Brüder.　　　　　　　　R　F
4. Timo telefoniert gerne.　　　　　　　　R　F
5. Timo hat fünf Stunden Schule.　　　　R　F
6. Timo hat vormittags und nachmittags Schule.　R　F
7. Timo kommt gegen 18 Uhr nach Hause.　R　F

**d** Schreib über Timo. Die Fragen helfen. 写一写有关 Timo 的情况。以下问题可给你提供帮助。

1. Wie alt ist Timo?
2. Wie viele Tage pro Woche hat er Schule?
3. Wann geht er morgens aus dem Haus?
4. Wann ist die Schule nachmittags zu Ende?
5. Wann kommt er nachmittags nach Hause?

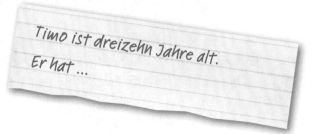

*Timo ist dreizehn Jahre alt.*
*Er hat …*

### 4 Dein Schultag

**a** Schreib die Sätze in die Tabelle.
将下列句子写到表格中。

1. Wann beginnt dein Unterricht?
2. Mein Unterricht beginnt um acht.
3. Um wie viel Uhr ist dein Unterricht zu Ende?
4. Mein Unterricht ist um 16 Uhr zu Ende.
5. Wann bist du zu Hause?
6. Um Viertel vor fünf bin ich zu Hause.

*Bis wie viel Uhr schläfst du am Samstag?*

*Ich schlafe bis 11 Uhr. Ich schlafe 12 Stunden, von freitags 11 bis samstags 11.*

| | Position 2: Verb | |
|---|---|---|
| 1. | *Wann* | *beginnt* | *dein Unterricht?* |
| 2. | *Mein* | | |
| 3. | | | |
| 4. | | | |
| 5. | | | |
| 6. | | | |

**b** Fragebogen – Beantworte die Fragen. 回答问题。

Wie heißt du?

Wie alt bist du?

Wie heißt deine Schule?

Bist du in Klasse 7?

Wie viele Tage hast du Schule?

Wie viele Stunden hast du Schule?

Wann beginnt der Unterricht?

Von wann bis wann hast du Unterricht?

Wann ist die Schule zu Ende?

Wann bist du wieder zu Hause?

**c** Mein Wochenende – Schreib über dich. Die Fragen helfen.
以 "我的周末" 为题写作文，以下问题可以提供写作思路。

1. Was machst du am Vormittag, am Nachmittag und am Abend?
2. Machst du Sport?
3. Machen deine Freunde auch Sport?

**5** Timos Stundenplan

**a** Schreib die Schulfächer zu den Bildern. 看图并写出课程名称。

_____

_____

_____

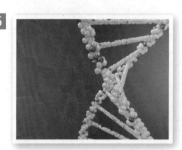

_____

_____

_____

_____

_____

_____

**b** Schau in Timos Stundenplan auf Seite 37 (5a). Notiere die Wochentage zu 1–6.
查看教科书中 (5a) Timo 的课程表。标出 1–6 的科目分别是在周几上的。

1. Französisch _Dienstag, Mittwoch, Freitag_____

4. Mathematik _____

2. Kunst _____

5. AGs _____

3. Deutsch _____

6. keine Schule _____

**c** Timo und du – Schreib die Sätze. 造句。

1. Timo / haben / drei Stunden Deutsch / pro Woche – Ich habe …

_Timo hat pro Woche drei Stunden Deutsch. – Ich habe pro Woche …_____

2. Timo / am Dienstag, am Donnerstag und am Freitag / haben / Mathematik – Ich …

_____

3. Timo / am Montag / haben / neun Stunden Unterricht – Ich …

_____

4. Timo / am Mittwoch / sein / von 8 Uhr 30 bis 14 Uhr 30 / in der Schule – Ich …

_____

5. Timo / am Samstag / gehen / nicht in die Schule – Ich … (auch nicht)

_____

### 6 Eure Schultage – eure Lieblingsfächer

**a** Phonetik: lange und kurze Vokale – Hör zu und markiere die betonten Vokale. 听录音，标出重读元音。

1. Bio – Biologie – Mathe – Musik – Kunst – Sport – Deutsch

2. das Lieblingsfach – die Hausaufgaben – der Stundenplan – das Wochenende – die Förderstunde

**b** Du hörst zwei Nachrichten am Telefon. Lies zuerst die Aufgaben 1 und 2 und hör dann die Nachricht 1. Markiere dann die Lösung. Arbeite genauso mit Aufgabe 3 und 4.
先阅读第 1 和第 2 题，然后听录音，标出答案。用同样的方法做第 3/4 题。

**Nachricht 1**

1. Timo hat ein Problem
   - a mit den Deutschhausaufgaben.
   - b mit Mathe.
   - c mit Frau Deutz.

2. Er ruft wieder an.
   - a Um 18 Uhr.
   - b Morgen um 8.
   - c Um 7 Uhr abends.

**Nachricht 2**

3. Was macht Leni?
   - a Sie spielt Basketball.
   - b Sie lernt Bio.
   - c Sie übt Gitarre.

4. Wann kommt sie nach Hause?
   - a Gegen 19 Uhr.
   - b Morgen um 9.
   - c Sofort.

### 7 Präsentation

**Ergänze den Text.** 补充短文。

Hallo, mein Name ist Hasret Özöglü. Ich wohne in der Türkei, in Ankara.

Ich bin 12 Ja_____ alt. Ich ha_____ von Montag b_____ Freitag Schule.

Me_____ Wecker klingelt u___ 6 Uhr. Um 7 Uhr 15 ko_____ der Schulbus.

Me_____ Schule beginnt je_____ Tag u___ 8 Uhr und i_____ um 16 Uhr

zu En_____. Ge_____ 17 Uhr b_____ ich zu Ha_____. Dann lerne i_____

noch eine Stu_____ und dann ha_____ ich frei. Meine Lieblin_____

sind Deutsch u_____ Mathe. Englisch m_____ ich nicht so se_____. Ich höre ge_____ Musik. Am

Woche_____ mache ich ni_____ viel. Da klin_____ mein Wecker mor_____

NICHT! Ach so, am Sam_____ und am Sonn_____ habe ich Ze_____ für Bülbül.

*Bülbül*

### 8 Müde – Mein Tag

**Hausaufgaben-Rap – Hör zu und ergänze die Reimwörter.**
听录音并填写押韵的词。

chillen – geh'n – haben – zurück

*Der Morgen graut, der Wecker klingelt laut – aufsteh'n!*

*Hefte und Bücher, Duschen und Tee – aus dem Haus _____!*

*Mathe, Bio, Deutsch, Englisch und Musik – dann nach Haus' _____.*

*Und dann Hausaufgaben, jetzt auch noch Hausaufgaben,*

*immer Hausaufgaben, das ist was wir vom Leben _____ .*

*Ich bin müde, ich will _____ .*

*Keine Lust auf Grammatik oder Rechnen im Stillen.*

## Leseecke

**A** Die Chinesisch-AG

Nächste Woche

beginnt wieder die

Chinesisch-AG A1.

Tag: Mittwoch

Uhrzeit: 17:30 bis 19 Uhr

Ort: Raum C25

Kontakt: Ernst Baar

Tel.: 0162 208 946 5

欢迎

**B** Schüler-Kino

Die Film-AG zeigt in diesem Schuljahr wieder 6 Filme.

Wir beginnen am Montag mit „Das Leben der anderen"

Ort: Aula

Beginn: 18 Uhr 30

Frau Deutz gibt Informationen zum Film.

**C** Neue Termine der Judo-AG

Gruppe 1 (10–14 Jahre)

Donnerstags von 18 Uhr bis 19 Uhr 30

Gruppe 2 (ab 15 Jahren)

Freitags von 19 Uhr bis 21 Uhr

Anmeldung:

0162 208 143 0

**D** Wer möchte einen Hamster?

Der Hamster heißt Rudi und ist 5 Monate alt.

Er ist total süß.

Aber meine Katze Carla mag keine Hamster.

Interesse?

Bine, Klasse 6b

0162 208 268 2

**E** Poetry-Slam-Rap-AG

1. Treffen am Samstag um 11 Uhr in Raum 33B

Kontakt:

Frau Schmaus

(0162 208 364 0)

oder Frau Beem

(0162 208 278 4)

**Lies die Anzeigen. Was passt zusammen?** 阅读广告并连线。

1. Bine
2. Raum 33B
3. Frau Deutz
4. Judo-AG
5. Ernst Baar
6. Raum C25

a) 162 208 946 5
b) „Das Leben der anderen"
c) donnerstags und freitags
d) Hamster
e) Poetry-Slam
f) Chinesisch-AG

## Meine Ecke

Übungen selbst machen – Mach ein Wörterrätsel mit Wörtern aus Einheit 1 bis 4. Tauscht in der Klasse.
用第 1 至第 4 单元的单词做一个字谜，并在课堂上交流。

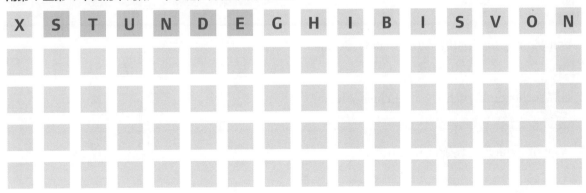

| X | S | T | U | N | D | E | G | H | I | B | I | S | V | O | N |

Mach die Übungen. Kontrolliere im Schlüssel auf Seite 78/79 und kreuze an:
做下面的练习并比对第 78/79 页上的答案。根据自身情况画叉。

😊 das kann ich gut　　😐 das kann ich einigermaßen　　🙁 das muss ich noch üben

**1** Uhrzeiten erfragen und sagen　**Ergänze. 填空。**

● Wie v_____ U_____ ist e__ ?

■ Es _____ .

● W_____ beginnt dein Unterricht?

■ U__ 8 _____ .

**2** Uhr und Stunde　**Ergänze. 填空。**

● Wie v_____ U_____ ist es ?

■ Kurz nach 10.

● Hast du eine _____?

■ Nein, aber ein Smartphone. Es ist 10 _____ 12.

● Wie viele _____ Deutsch
hast du pro Woche?

■ Drei.

**3** Wörter zum Thema „Zeit"

**Schreib die Wochentage und Tageszeiten. 写出星期几和一天中的时间。**

**Wochentage**

_der Montag_ _____

_montags_ _____

**Tageszeiten**

_der Morgen, der Vormittag ..._ _____

_morgens_ _____

**4** Zeitangaben machen　**Schreib die Sätze. 造句。**

1. wir / einen Mathetest / morgen / schreiben

_Morgen_ _____

2. von Montag bis Freitag / ich / habe / Schule

_____

3. am Wochenende / ich / keine Schule / habe

_____

4. beginnt / um 8 Uhr / der Unterricht

_____

Seite 33

der Wecker, – . . . . . . . . . . . . . . . . .

klingeln . . . . . . . . . . . . . . . . .

die Mittagspause, -n . . . . . . . . . . . . . . . . .

· Mittagspause haben . . . . . . . . . . . . . . . . .

· zur Schule fahren . . . . . . . . . . . . . . . . .

die Hausaufgabe, -n . . . . . . . . . . . . . . . . .

· Hausaufgaben machen . . . . . . . . . . . . . .

der Unterricht . . . . . . . . . . . . . . . . .

· Unterricht haben . . . . . . . . . . . . . . . . .

die Freizeit . . . . . . . . . . . . . . . . .

· Freizeit haben . . . . . . . . . . . . . . . . .

Seite 34

aufstehen . . . . . . . . . . . . . . . . .

· Es ist schon halb sieben. . . . . . . . . . . . . . . .

schon . . . . . . . . . . . . . . . . .

müde . . . . . . . . . . . . . . . . .

· Wie viel Uhr ist es? . . . . . . . . . . . . . . . . .

erst . . . . . . . . . . . . . . . . .

· So ein Mist! . . . . . . . . . . . . . . . . .

zu spät . . . . . . . . . . . . . . . . .

· Ich bin viel zu spät. . . . . . . . . . . . . . . . . .

zu Hause sein . . . . . . . . . . . . . . . . .

Seite 36

die Familie, -n . . . . . . . . . . . . . . . . .

der Bruder, "– . . . . . . . . . . . . . . . . .

die Schwester, -n . . . . . . . . . . . . . . . . .

die Stunde, -n . . . . . . . . . . . . . . . . .

der Tag, -e . . . . . . . . . . . . . . . . .

der Morgen . . . . . . . . . . . . . . . . .

· am Morgen . . . . . . . . . . . . . . . . .

der Vormittag, -e . . . . . . . . . . . . . . . . .

der Nachmittag, -e . . . . . . . . . . . . . . . .

morgens, vormittags, ... . . . . . . . . . . . . . . . .

die Unterrichtsstunde, -n . . . . . . . . . . . . . . . .

beginnen . . . . . . . . . . . . . . . .

das Ende . . . . . . . . . . . . . . . .

· zu Ende sein . . . . . . . . . . . . . . . .

(von) ... bis . . . . . . . . . . . . . . . .

gegen . . . . . . . . . . . . . . . .

· aus dem Haus gehen . . . . . . . . . . . . . . . .

fleißig . . . . . . . . . . . . . . . .

· Du Armer! . . . . . . . . . . . . . . . .

befreundet . . . . . . . . . . . . . . . .

die Minute, -n . . . . . . . . . . . . . . . .

wann . . . . . . . . . . . . . . . .

wie viele . . . . . . . . . . . . . . . .

Seite 37

· frei haben . . . . . . . . . . . . . . . .

der Sport . . . . . . . . . . . . . . . .

Seite 38

das Lieblingsfach, . . . . . . . . . . . . . . . .

  die Lieblingsfächer . . . . . . . . . . . . . . . .

toll . . . . . . . . . . . . . . . .

· nicht so toll . . . . . . . . . . . . . . . .

· Wie lange? . . . . . . . . . . . . . . . .

interessant . . . . . . . . . . . . . . . .

das Wochenende, -n . . . . . . . . . . . . . . . .

· Zeit haben . . . . . . . . . . . . . . . .

Seite 39

bleiben . . . . . . . . . . . . . . . .

· zu Hause bleiben . . . . . . . . . . . . . . . .

Mama . . . . . . . . . . . . . . . .

Papa . . . . . . . . . . . . . . . .

Die Uhrzeit

12 Uhr
5 vor 1
5 nach 12
10 vor 1
10 nach 12
Viertel vor 1
Viertel nach 12
20 vor 1
20 nach 12
5 nach halb 1
5 vor halb 1
halb 1

*Wie spät ist es?*

Die Woche

der Montag, -e    der Dienstag, -e
der Mittwoch, -e   der Donnerstag, -e
der Freitag, -e    der Samstag, -e
der Sonntag, -e

montags, dienstags, mittwochs ...

Einige Schulfächer in Deutschland

Kunst      Deutsch    Sport      Französisch
Physik     Erdkunde   Englisch   Geschichte
Ethik      Religion   Naturwissenschaft
Mathematik/Mathe

**1** Freizeitaktivitäten

**a** Was passt? Schreib die Nomen zu den Verben. Es gibt mehrere Möglichkeiten.
写出与动词搭配的名词。有多种可能性。

Sport – ~~Flöte~~ – Fahrrad – Musik – Ski –
Computerspiele – Basketball – Tennis –
Skateboard – Karten – Karate – Radio

Flöte, _____ hören

_____ fahren

_____ spielen

_____ machen

**b** Markiere in 1a die Wortakzente. Hör dann zu und sprich nach. 标出 1a 中的词重音，然后听录音并跟读。

**c** Hör zu und kreuze an. Was ist richtig? 听录音，判断对错并画叉。

1. Julia: Mein Hobby ist …

| a | b | c |
|---|---|---|
| Schwimmen. | Reiten. | Laufen. |

2. Lukas: Mein Hobby ist …

| a | b | c |
|---|---|---|
| Fahrrad fahren. | Musik hören. | Musik machen. |

3. Marie: Mein Hobby ist …

| a | b | c |
|---|---|---|
| Karten spielen. | Freunde treffen. | shoppen gehen. |

**2** Hast du ein Hobby?

**a** Wiederholung: regelmäßige Verben, *sein* und *mögen*. Ergänze die Verben. 填写动词。

regelmäßige Verben 规则变化动词

● Wann _____ (hören) du gerne Musik?

■ Ich _____ (hören) morgens, mittags, nachmittags und abends Musik. Meine Freundinnen

_____ (hören) auch immer Musik und Kathy _____ (machen) auch Musik,

sie _____ (singen) in einer Band. _____ (machen) ihr auch Musik?

● Ja, wir _____ (spielen) Gitarre.

*sein* 用动词 sein 填空。

● Die Band „Saftladen" _____ fantastisch. Die Sängerinnen _____ toll. Ich _____

ein Fan von Tika. _____ ihr auch Fans?

■ Ich _____ der Gitarrist und Paul _____ der Schlagzeuger. Wir _____ schon

lange in der Band.

*mögen* 用动词 mögen 填空。

1. ● Frau Möller, _____ Sie Fußball?      ■ Ja, ich _____ Fußball.

2. ● Melize, _____ du auch Fußball?      ■ Na ja, es geht. Ich _____ Volleyball.

3. ● Kai und Sabbi, _____ ihr Fußball?      ■ Ja, klar. Wir _____ Fußball sehr.

4. Frau Möller, Kai und Sabbi _____ Fußball, Melize _____ Fußball nicht so gerne.

**b** Verben mit Vokalwechsel – Ergänze die Tabelle und markiere den Vokalwechsel.
填写表格并标出变化的元音。

|  | fahren | sehen | lesen | sprechen | treffen |
|---|---|---|---|---|---|
| ich |  |  |  |  |  |
| du | fährst |  |  |  |  |
| er/es/sie |  |  | liest |  |  |
| wir |  |  |  |  |  |
| ihr |  |  |  |  |  |
| sie/Sie |  |  |  |  |  |

**c** Ergänze die Verben. 填写动词。

1. ● _____ Sascha gerne Action-Filme?

   ■ Ja, er _____ immer am Wochenende Action-Filme. (sehen)

2. ● _____ ihr gerne Comics?           ■ Ja, wir _____ gerne Comics. (lesen)

3. ● _____ du Krimis?           ■ Nein, ich _____ keine Bücher. (lesen)

4. ● Marie _____ Skateboard,           ■ Nein, ich _____ nicht Skateboard.
   _____ du auch Skateboard?           (fahren)

5. ● _____ du deine           ■ Nicht so oft, ich _____ meine Freunde nur
   Freunde oft?           am Wochenende. (treffen)

6. ● Meine Freundin _____           ■ Cool, ich _____ nur zwei Sprachen.
   fünf Sprachen.           Und du? (sprechen)

**d** Schreib Sätze mit verschiedenen Verben (*gehen*, *hören* …) und *gerne* wie im Beispiel.
依照示例用不同的动词和 gerne 造句。

1. ~~Ich mag Kino.~~
2. Ich mag Musik.
3. Ich mag Sport.
4. Ich mag Fernsehen.
5. Ich mag Radfahren.
6. Ich mag Tennis.

> 1. Ich gehe gerne ins Kino.
>
> 2. Ich höre …

**3** Am Wochenende

**a** Ordne den Dialog. 将对话按正确的顺序排列。
● Hallo, Tobi.
● Ja, gerne, wann fängt der Film an?
● Prima. Bis Samstag! Tschüs.
● Ich spiele Fußball. Das Spiel fängt um 15 Uhr an.
■ Hi, Sabrina, was machst du am Samstag?
■ Immer Fußball! Ich gehe abends ins Kino, kommst du mit?
■ Tschüs.
■ Um sechs. Ich hole dich ab, o.k.?

> Hallo, Tobi.

**b** Schreib die Sätze in eine Tabelle im Heft. 在练习本上将句子写到表格中。

1. Lea – um halb sieben – aufstehen
2. Eva – heute Abend – fernsehen
3. der Film – anfangen – um 18 Uhr
4. ich – heute Abend – mitkommen
5. ich – dich – abholen – um halb sechs
6. Lukas – am Wochenende – ins Kino gehen

| | | Position 2: Verb | | | Ende |
|---|---|---|---|---|---|
| 1. a) | Lea | steht | | um halb sieben | auf. |
| | b) | Um halb sieben | steht | Lea | auf. |
| 2. a) | Eva | | | | |
| | b) | ... | | | |

### 4　Hören üben

**a** Was hörst du? Kreuze an. 你听到了什么？请画叉。

1. [a] Ich sehe abends gerne fern.
2. [a] Er holt sie um acht Uhr ab.
3. [a] Sie hört nicht gern Musik.
4. [a] Der Film fängt um halb acht an.
5. [a] Kommen Sie mit?

[b] Ich sehe morgens gerne fern.
[b] Er holt sie um achtzehn Uhr ab.
[b] Sie hört sehr gern Musik.
[b] Der Film fängt um acht an.
[b] Sie kommen mit.

**b** Welches Wort fehlt? Hör die Sätze und ordne die Silben zu. 听句子，并按顺序写出动词的前缀。

ab – ~~mit~~ – fern – an – auf

1. _mit_　　2. _____　　3. _____　　4. _____　　5. _____

**c** Diktat. Hör zu und schreib ins Heft. Hör dann noch einmal und kontrolliere.
听录音，并将听到的内容写到练习本上。再听一遍录音并检查。

### 5　Verabredungen

Ergänze den Dialog. Hör zur Kontrolle. 补充对话。听录音并检查。

● Hi, Anna, ich _____ heute ins Kino.
　_____ du _____?

■ Ins Kino? Ja, gerne.

● Prima, ich _____ dich _____.

■ Wann _____ du?

● Um Viertel vor acht, okay?

■ Ja, okay, ich _____ um Viertel vor acht. Tschüs.

### 6　Phonetik: ö

**a** Hör zu und markiere. Ist das ö lang oder kurz? 听录音，标出 ö 的长短音。

hören – Köln – Österreich – mögen – die Flöte –
Jörg Möllner – Französisch – schön

**b** Hör noch einmal und sprich nach. 再听一遍并跟读。

schön!

## 7 Kathy und Robert

**a** Ergänze die Texte. Hör zur Kontrolle. 补充短文。听录音并检查。

**Text 1**

Ich heiße Kathy. Ich bin 14 Jahre a_____. Ich mache ni_____

gerne Sport, me_____ Hobby ist Mu_____ hören.

Ich m_____ Lady Gaga. Ich ta_____ auch gerne.

Am Wo_____ gehe ich ge_____ ins

K_____. Sandra ist meine Fr_____. Wir mögen

Fi_____ mit Emma Watson.

**Text 2**

Mein Name ist Robert, ich bin 13. Mein Hobby i_____ Sport,

Sport, Sport. Nachmittags treffe ich mei_____ Freunde und

dann sp_____ wir Fußball. Wir ge_____ auch gerne

schw_____ oder fahren Fa_____. Abends

sehe i_____ gerne fern, z. B. Sport: Fußball oder Tennis.

**b** Was ist dein Hobby? Was machst du gerne? Schreib einen Text.
你的爱好是什么？你喜欢做什么？写一篇短文。

## 8 Freizeit ohne Medien

**Schreib Fragen für das Interview wie im Beispiel.** 依照示例为采访写问句。

1. Freunde treffen / gerne
2. zu Sportveranstaltungen gehen / gerne
3. etwas mit der Familie machen / oft
4. fernsehen / oft
5. Musik machen / gerne

6. einkaufen gehen / oft
7. malen / gerne
8. Sport machen / gerne
9. basteln / gerne
10. zu Partys gehen / oft

> *Triffst du gerne Freunde?*

## 9 Was kannst du gut?

**Ergänze die Dialoge mit den passenden Formen von *können*.** 用动词 können 的合适形式补充对话。

**Dialog 1**

● _____ du Spanisch?

■ Nein, Spanisch _____ ich nicht, aber ich _____ Englisch.

**Dialog 2**

● _____ ihr jonglieren?

■ Ja, wir _____ gut jonglieren.

**Dialog 3**

● Anna und Lena, _____ ihr gut kochen?

■ Ja, wir _____ super kochen.

**Dialog 4**

● Frau Winter, _____ Sie Einrad fahren?

■ Nein, das _____ ich nicht, aber ich probier es mal.

● Ja super, Sie _____ es … doch nicht.

**10** Fragespiel

**a** Korrigiere den Text. Ergänze die Schlusspunkte und schreib die Satzanfänge groß.
纠正文章中的错误。补上标点符号。句首字母大写。

M
~~m~~eine Freundin heißt Carla  sie ist 13 Jahre alt und auch in Klasse 7  sie malt und bastelt gerne  sie

kann toll Pferde malen  aber sie macht nicht so gerne Sport  sie kann nicht gut Basketball, Volleyball

und Handball spielen

**b** Schreib 3–4 Sätze über deinen Freund / deine Freundin.
用 3 至 4 个句子描述你的一位朋友。

Sie/Er heißt …   Er/Sie … gerne …   Er/Sie kann gut … und …, aber er/sie kann nicht …

**11** Kann ich mitspielen?

**a** Schreib den Dialog im Heft. Hör zur Kontrolle. 将对话写到练习本上。听录音并检查。

- Ja, klar.
- Cool, kann ich mitspielen?
- Was spielst du?
- FIFA.
- Kannst du FIFA spielen?
- O.k.

**b** Um Erlaubnis fragen – Schreib die Fragen zu den Bildern und erfinde Antworten. 看图片写问题并回答。
ins Kino gehen – zur Toilette gehen – den Radiergummi haben – das Fahrrad fahren – mitspielen – fernsehen

A
• Kann ich bitte zur Toilette gehen?

▲ …

D

B

E

C

F

## Hörstudio

**a** Welches Foto passt? – Hör die Texte und schreib die Namen zu den Fotos. 听短文，并写出照片对应的人名。

*Jens*

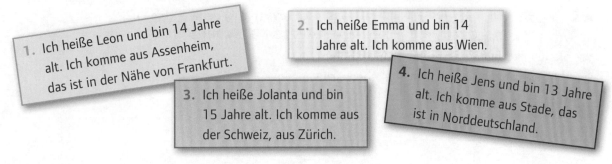

| A | B | C | D |

**b** Hör noch einmal und kreuze an. Richtig oder falsch? 再听一遍，判断正误并画叉。

1. Leon mag Sport. R F
2. Er geht mit seinem Team zu Wettkämpfen. R F
3. Sie gewinnen nicht so oft. R F
4. Emma mag Musik. R F
5. Sie ist nicht gerne am Computer. R F
6. Sie hat leider keine Freundin. R F

7. Jolanta macht oft Sport. R F
8. Sie macht mit vier Freunden Musik. R F
9. Sie spielt Schlagzeug und E-Gitarre. R F
10. Jens ist ein Flugzeug-Fan. R F
11. Er spielt Computerspiele im Internet. R F
12. Er bastelt gerne Modellflugzeuge. R F

**c** Deutsch klingt unterschiedlich. Lies 1–4 und hör Leon, Emma, Jolanta und Jens noch einmal. Wen kannst du am besten verstehen? 读句子 1–4，再听一遍录音。谁的德语最好懂？

> 1. Ich heiße Leon und bin 14 Jahre alt. Ich komme aus Assenheim, das ist in der Nähe von Frankfurt.

> 2. Ich heiße Emma und bin 14 Jahre alt. Ich komme aus Wien.

> 3. Ich heiße Jolanta und bin 15 Jahre alt. Ich komme aus der Schweiz, aus Zürich.

> 4. Ich heiße Jens und bin 13 Jahre alt. Ich komme aus Stade, das ist in Norddeutschland.

## Meine Ecke – Satzpuzzle

**a** Aus diesen Wörtern kannst du mindestens drei Sätze machen. Es gibt mehrere Lösungen.
你用这些单词至少可以组成 3 个句子，答案非唯一。

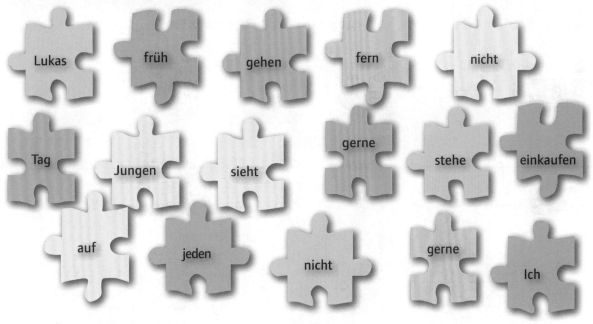

Lukas · früh · gehen · fern · nicht · Tag · Jungen · sieht · gerne · stehe · einkaufen · auf · jeden · nicht · gerne · Ich

**b** Mach selbst ein Satzpuzzle. Tauscht in der Klasse.
自己做一个句子拼图，并在课堂上作交流。

Mach die Übungen. Kontrolliere im Schlüssel auf Seite 79 und kreuze an:
做下面的练习，并比对第 79 页上的答案。根据自身情况画叉。

☺ das kann ich gut　　☺ das kann ich einigermaßen　　☹ das muss ich noch üben

**1** Verabredungen machen　Was passt zusammen? 请配对。

1. Was machst du am Wochenende?　　_____ a) Nein, aber ich schwimme gern.

2. Gehst du gerne ins Kino?　　_____ b) Nein, ich habe keine Zeit.

3. Ich gehe heute ins Kino, kommst du mit?　_____ c) Ja, natürlich, du nicht?

4. Ich spiele gern Volleyball. Und du?　　_____ d) Bis 3 habe ich Schule, dann habe ich Zeit.

5. Was machst du am Dienstag?　　_____ e) Ja, gerne, ich komme um 8.

6. Kannst du mich abholen?　　_____ f) Keine Ahnung.

☺☺☹

🔊 **2** Was kannst du gut / nicht so gut?　Hör die Fragen und schreib deine Antworten.
听问题并写出你的回答。

1. _____　3. _____

2. _____　4. _____

☺☺☹

**3** Sagen, was man gerne macht.　Was macht Eva (nicht) gerne – Und du?
Eva 喜欢做什么？不喜欢做什么？你呢？

☺ Skateboard fahren, fernsehen, Musik hören
☹ Hausaufgaben machen, früh aufstehen, schwimmen

☺ *Eva* _____

_____

☹ _____

Und du? _____

☺☺☹

**4** Freizeitaktivitäten　Wie heißt das auf Deutsch? 这用德语怎么说？

| 1 | 2 | 3 |
|---|---|---|
| _____ | _____ | _____ |

| 4 | 5 | 6 |
|---|---|---|
| _____ | _____ | _____ |

| 7 | 8 | 9 |
|---|---|---|
| _____ | _____ | _____ |

☺☺☹

Seite 41

das Hobby, -s ................

· Mein Hobby ist ... ................

gerne ................

basteln ................

die Band, -s ................

Seite 42

hören ................

treffen, trifft ................

chatten ................

malen ................

*fern*sehen, sieht ... *fern* ................

schwimmen ................

tanzen ................

singen ................

reiten ................

· Ich glaube, das ist ... ................

Seite 43

viele ................

kochen ................

· im Internet surfen ................

oft ................

die Fremdsprache, -n ................

sprechen, spricht ................

sehen, sieht ................

der Film, -e ................

lesen, liest ................

lieben ................

besonders ................

Seite 44

· schwimmen gehen ................

*mit*kommen, kommt ... *mit* ................

· Kommst du mit? ................

· Ich habe (keine) Zeit. ................

die Zeit, -en

· Schade. ................

· Vielleicht ein anderes ................

  Mal.

vielleicht ................

· Ja, am Sonntag geht es. ................

es geht ................

*ab*holen, holt ... *ab* ................

· Ich hole dich um ................

  5 Uhr ab. ................

*an*fangen, fängt ... *an* ................

· Der Film fängt um 6 Uhr an. ................

*auf*stehen, steht ... *auf* ................

Seite 45

*ein*kaufen, kauft ... *ein* ................

· ins Kino gehen ................

· Ich weiß noch nicht. ................

· Ich habe keine Lust. ................

· Prima! ................

pro ................

das Mädchen, – ................

der Junge, -n ................

Seite 46

können, kannst ................

Seite 47

wer ................

*mit*spielen, spielt ... *mit* ................

· Spielst du mit? ................

· Das macht nichts. ................

Einige Hobbys

Volleyball spielen

Computer spielen

Flöte spielen

Ski fahren

malen, das Malen

kochen, das Kochen

schwimmen
das Schwimmen

reiten
das Reiten

laufen
das Laufen

Fahrrad fahren

Musik hören

Klavier spielen

Karten spielen

Freunde treffen

shoppen gehen

### 1 Familienfoto

**a** Hör zu und ergänze den Dialog. 听录音并补充对话。

● _____ ist das da?

■ Das sind mein _____ ,

meine zwei _____ , mein Cousin und

meine _____ .

● Wer ist das Baby vorne _____ ?

■ Das ist meine _____ Lilly.

● Wie _____ _____ sie?

■ Jetzt ist sie ein Jahr alt.

● Hast du eine _____ ?

■ Nein, aber einen _____ . Er heißt Benni.

**b** Wiederholung – Schreib die Fragen. 写问句。

Name: *Wie heißt du?* _____     Alter: _____

Wohnort: _____     Straße: _____

Telefon: _____     Hobbys: _____

Haustiere: _____     **Deine Frage:** _____

### 2 Phonetik: die Endungen *er* und *e*

**a** Ordne die Wörter. Wo spricht man ein schwaches *e*? Wo spricht man ein schwaches *a*?
哪里发弱化音 *e*？哪里发弱化音 *a*？

h<u>a</u>be – Bis sp<u>ä</u>ter. –
Telef<u>o</u>nummer – h<u>eu</u>te – h<u>u</u>ndert –
Kan<u>i</u>nchen – k<u>o</u>mme – L<u>e</u>hrer –
M<u>a</u>the – M<u>o</u>rgen – m<u>ü</u>de – Sch<u>u</u>le –
s<u>ie</u>ben – Kl<u>e</u>ber – s<u>u</u>per – w<u>o</u>hne –
K<u>a</u>tze

| schwaches *e* | schwaches *a* |
|---|---|
| *habe* | *Bis später.* |
| _____ | _____ |
| _____ | _____ |
| _____ | _____ |

**b** Hör zu und sprich nach. 听录音并跟读。

### 3 Bert erzählt.

**a** Familienwörter – Was passt zusammen? Ergänze. 有关一家人的单词——配对并填空。

Eltern:  *Vater* und  M_____ oder Papa und M_____

Geschwister:  B_____ und S_____

Großeltern:  O_____ und O_____ oder

G_____ und G_____

Andere Verwandte:  O_____ und  T_____ – Cousin und C_____

**b** Deine Familie – Brauchst du noch andere „Familienwörter"? 你的家庭——你还需要有关一家人的其他单词吗？
Arbeite mit dem Wörterbuch und notiere im Heft. 借助词典做练习，并将有关单词写到练习本上。

**c** Lena erzählt – Lies und ordne die Bilder den Texten zu. 阅读短文，并将短文与图片进行匹配。

Lena

1

Ich liebe Hunde.

2

Ich mag Doris. Mäuse mag ich nicht.

5

Wo ist meine Maus?

3

Ich mag Polly.

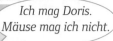

4

Wo ist mein Smartphone?

**A** ☐

Sie ist 12 und macht nicht gern Sport. Ihre Hobbys sind Mode und Fernsehen. Sie telefoniert mit ihren Freundinnen von morgens bis abends.

**B** ☐

Er ist schon Rentner, aber er hat einen Computer. Er spielt oft Computerspiele oder er surft im Internet. Er hat noch ein Hobby: Kochen. Sein Gulasch ist einfach super!

**C** ☐

Sie ist sechs Jahre alt und sie ist sehr faul. Sie mag keine Mäuse. Sie frisst nur „Kitkat". Ihr Lieblingsplatz ist Omas Bett. Hunde mag sie nicht.

**D** ☐

Sie kocht sehr gern, aber sie fährt auch gern Rad und geht oft schwimmen. Sie hat viele Tiere: einen Hund, zwei Katzen und ein Pferd. Es heißt Polly. Sie reitet aber nicht mehr.

**E** ☐

Ich mag gern Pferde und reitet schon drei Jahre. Ich kann auch gut malen und fotografieren. Meine Pferdefotos sind super.

**d** Eine Person aus deiner Familie – Schreib einen Text wie in 3c.
选一名你的家庭成员，依照练习 3c 写一篇短文。

**4** Possessivartikel

**a** Ergänze die Tabelle. 补充表格。

|  | der | das | die | die (Plural) |
|---|---|---|---|---|
| **ich** | mein Vater | mein Pferd | meine Katze | meine Hobbys |
| **du** | d_____ Bruder | d_____ Auto | d_____ Schere | d_____ Großeltern |
| **er** | s_____ Cousin | s_____ Lineal | s_____ CD | s_____ Cousinen |
| **es (Kind)** | s_____ Opa | s_____ Heft | s_____ Mutter | s_____ Eltern |
| **sie** | i_____ Freund | i_____ Buch | i_____ Tasche | i_____ Freunde |
| **wir** | u_____ Hund | u_____ Haus | u_____ Lehrerin | u_____ Tiere |
| **ihr** | e_____ Freund | e_____ Foto | eu(e)re Tante | eu(e)re Geschwister |
| **sie/Sie** | i____/I____ Onkel | i____/I____ Mäppchen | i____/I____ Brille | i____/I____ Brüder |

**b** Ergänze die Possessivartikel. 填写物主代词。

| ich: | _mein_ | Bruder | du: | _____ | Schwester | er: | _____ | Cousin |
|---|---|---|---|---|---|---|---|---|
| sie: | _____ | Cousine | es: | _____ | Vater | wir: | _____ | Mutter |
| ihr: | _____ | Oma | sie: | _____ | Eltern | du: | _____ | Freunde |
| sie: | _____ | Freundinnen | wir: | _____ | Cousinen | sie: | _____ | Kinder |

**c** Ergänze *sein* oder *ihr*. 填写物主代词 sein 或者 ihr。

Das ist Paula. Das sind ___*ihre*___ Tasche, _____ Buch, _____ Kuli und _____ Brille. _____ Freundin Barbara kommt gleich. Da ist schon _____ Hund.

Das ist das Zimmer von Markus. Er ist nicht da. Das sind _____ Bücher, _____ Inliner, _____ Fernseher und _____ Smartphone. ___*Sein*___ Bruder sieht fern und _____ Schwester hört Musik.

**5** Chaos

**a** Ergänze den Dialog und hör zur Kontrolle. 补充对话。听录音并检查。

Mutter: Wir sind wieder viel zu spät.
Wo ist m_____ Brille?
Anna, siehst du m_____ Tasche?

Anna: Aber Mama, d_____ Tasche ist doch da.
Und d_____ Brille ist hier oben.

Mutter: Danke, Anna. Ist Felix schon weg?
S_____ Handy, s_____ Rucksack und s_____ Sportsachen sind noch da.

Felix: Ja, ich bin noch da, aber ich gehe jetzt auch.

**b** Hören üben – Was hörst du: [a] oder [b]? Kreuze an. 你听到了 [a] 还是 [b]？请画叉。

1. [a] Ist das dein Deutschbuch?  [b] Ist das sein Deutschbuch?
2. [a] Wo ist meine Schultasche?  [b] Wo ist deine Schultasche?
3. [a] Sind das seine Eltern?  [b] Sind das deine Eltern?
4. [a] Ist das unsere DVD?  [b] Ist das ihre DVD?

## 6 Die Familien von Verena, Sebastian, Maike

**a** Lies die Texte und ordne die Bilder zu. 阅读短文并将短文与图片配对。

A ☐

B ☐

C ☐

### 1

Meine Eltern, meine Tante, meine Schwester, mein Bruder und ich wohnen zusammen, nicht weit von Leipzig. Meine Großeltern wohnen auch nicht weit weg. Unser Haus hat einen Garten. Wir haben auch einen Hund, er heißt „Bonny" und mag uns alle. Am Wochenende spielen wir Kinder und unsere Freunde im Garten Fußball oder Volleyball. Das macht Spaß.
Verena

### 2

Meine Mutter und ich leben in Aachen, mein Vater wohnt in Köln. Meine Eltern sind geschieden. Ich fahre einmal im Monat nach Köln und in den Ferien bin ich oft mit meinem Vater zusammen. Meine Mutter arbeitet, sie kommt um vier Uhr nachmittags nach Hause. Dann ist sie müde und braucht Ruhe. Ich lese viel oder ich sehe fern. Aber am Wochenende machen wir oft etwas zusammen. Wir fahren Fahrrad oder wir gehen schwimmen. Ich gehe auch gern ins Kino. Mama kocht nicht gern, aber ich. Kochen ist mein Hobby. Ich kann super Pizza machen und Spaghettisoßen kochen.
Sebastian

### 3

Wir wohnen nicht weit von Innsbruck. Meine Mutter ist Lehrerin und mein Vater Polizist. Wir machen alle viel Sport: Radfahren, Skifahren, Tennisspielen. Mein Bruder Paul wohnt in Wien, er ist schon 20 und studiert. Am Wochenende kommt er oft nach Hause und dann machen wir zusammen Musik.
Maike

**b** Lies noch einmal und ergänze die Tabelle. 再读一遍短文并补充表格。

| | Wer wohnt zusammen? | Aktivitäten in der Familie | Wohnort |
|---|---|---|---|
| Verena | | *Fußball im Garten* | |
| Sebastian | | | |
| Maike | | | *bei Innsbruck* |

### 7 Stammbaum

Ergänze die fehlenden Wörter. 填写缺少的单词。

G _____

E _____

K _____

Urgroß _____

### 8 Familien in Deutschland

**a** Schreibtraining – Im Text sind 10 Fehler: groß – klein. Korrigiere sie.
指出这篇短文中的 10 个单词大小写错误，并改错。

Ich ̶H̶eiße Martina. Meine familie ist sehr klein. Meine Mutter ist 35 Jahre Alt.
Mein Vater und meine Mutter sind Getrennt. Ich besuche meinen Vater in
den ferien. Ich habe keine Geschwister. Meine Mutter hat eine Schwester.
sie ist 29 Jahre alt. Sie ist nicht Verheiratet, aber sie hat einen Freund. mein
Opa ist 67 Jahre alt. Er wohnt nicht Bei uns. Er ist Rentner. An Weihnachten
sind wir alle Zusammen.

**b** Schreib einen Text ins Heft. Wähle A „Meine Familie" oder B „Familien in meinem Land".
从 A 和 B 中选择一个题目，在练习本上写一篇短文。

### 9 Was sind deine Eltern von Beruf?

Schreib die Berufe zu den Bildern. 看图写职业。

_____  _____  _____  _____  _____

### 10 Wortakzent

Markiere den Wortakzent. Hör zur Kontrolle und sprich nach. 标出词重音。边听录音边检查，并跟读。

der V̲ater – der Großvater – die Mutter – die Großmutter – der Automechaniker – der Zahnarzt –
die Fotografin – die Tennisspielerin – der Trainer – das Model

### 11 Traumberufe

Wörterbucharbeit – Wie heißen diese Traumberufe auf Deutsch? 这些理想职业用德语怎么说？

_____  _____  _____  _____  _____

## Hörstudio

a Hör die Geschichte und ordne die Bilder. 听故事并排列图片。

b Wo ist die Spinne? Markiere. 蜘蛛在哪里？请标出来。

**Der Spinnenforscher**

Bild A

Bild B

Bild C

Bild D

Bild E

Bild F

## Meine Ecke

a Suche die 18 Wörter (➔ und ⬇) und schreib sie in die Tabelle. 寻找 18 个单词，将单词写到表格中。

| S | C | H | W | E | S | T | E | R | L | E | H | R | E | R |
|---|---|---|---|---|---|---|---|---|---|---|---|---|---|---|
| P | K | U | H | Z | W | E | I | L | I | N | E | A | L | O |
| I | I | N | F | O | R | M | A | T | I | K | E | R | T | D |
| N | X | D | Ü | M | B | U | C | H | H | E | F | T | E | R |
| N | E | U | N | A | P | O | L | I | Z | I | S | T | R | E |
| E | L | P | F | E | R | D | O | N | K | E | L | O | N | I |

| Verwandtschaft | Tiere | Berufe | Schulsachen | Zahlen |
|---|---|---|---|---|
| *Schwester* | | | | |
| | | | | |
| | | | | |

b Mach selbst ein Suchrätsel. Tauscht in der Klasse. 自己设计一个寻字谜并在课堂上交流。

Mach die Übungen. Kontrolliere im Schlüssel auf Seite 79 und kreuze an:
做下面的练习并比对第 79 页上的答案。根据自身情况画叉。

☺ das kann ich gut     😐 das kann ich einigermaßen     ☹ das muss ich noch üben

**1** Ein Bild beschreiben: rechts, links, in der Mitte …
描述这一幅图，填写 "rechts"，"links"，"in der Mitte" 等。

Anita

Pia

Lukas

*Hinten links* ist Lukas und Pia ist _____.

_____ ist

_____.

Max, der Hund, ist _____ .

**2** Sagen, wem etwas gehört.
Beantworte die Fragen wie im Beispiel.
依照示例回答问题。

Max

1.
Hast du ein Smartphone?

Ja, das ist *mein* Smartphone.

2.
Hat deine Mutter eine Brille?

Ja, das ist _____ Sonnenbrille.

3.
Habt ihr einen Hund?

Ja, _____ Hund heißt Bodo.

4.
Hat dein Vater ein Fahrrad?

Ja, _____ Fahrrad ist ganz toll.

**3** Einen Hörtext über „Familie" verstehen   Kreuze an: richtig R oder falsch F. 判断正误并画叉。

1. Lena ist 13 Jahre alt.                          R F     5. Andrea hat einen Freund.            R F
2. Lenas Mutter arbeitet als Verkäuferin.          R F     6. Lena spielt Tennis.                 R F
3. Ihr Bruder ist 16.                              R F     7. Lena mag Musik nicht so gerne.     R F
4. Lena hat eine Schwester.                         R F     8. Lenas Vater hat kein Hobby.        R F

**4** Verwandtschaft   Wer ist das? 这是谁?

Dein Vater hat einen Bruder. Das ist dein _____*Onkel*_____.

Deine Mutter hat eine Mutter. Das ist deine _____.

Dein Bruder hat eine Schwester. Das ist deine _____.

**5** Über Berufe sprechen   Wer ist was von Beruf in deiner Familie? Drei Beispiele.
在你的家里谁是做什么工作的? 举 3 个例子。

Meine Tante ist Rechtsanwältin.

Ich habe einen Onkel. Er ist …

Seite 49

die Eltern (nur Pl.) . . . . . . . . . . . . . . .
die Mutter, "- . . . . . . . . . . . . . . .
der Vater, "- . . . . . . . . . . . . . . .
der Beruf, -e . . . . . . . . . . . . . . .
die Schwester, -n . . . . . . . . . . . . . . .
der Bruder, "- . . . . . . . . . . . . . . .
der Cousin, -s . . . . . . . . . . . . . . .
die Cousine, -n . . . . . . . . . . . . . . .
die Leute (nur Pl.) . . . . . . . . . . . . . . .
die Familie, -n . . . . . . . . . . . . . . .
die Oma, -s . . . . . . . . . . . . . . .
der Opa, -s . . . . . . . . . . . . . . .
die Tante, -n . . . . . . . . . . . . . . .
der Onkel, – . . . . . . . . . . . . . . .

Seite 50

vorne . . . . . . . . . . . . . . .
hinten . . . . . . . . . . . . . . .
rechts . . . . . . . . . . . . . . .
links . . . . . . . . . . . . . . .
aussehen, sieht … aus . . . . . . . . . . . . . . .
· Die sieht süß aus. . . . . . . . . . . . . . . .
cool . . . . . . . . . . . . . . .
· in der Mitte . . . . . . . . . . . . . . .
· auf dem Foto . . . . . . . . . . . . . . .
das Foto, -s . . . . . . . . . . . . . . .
· Wie alt ist er? . . . . . . . . . . . . . . .
· Er ist … Jahre alt. . . . . . . . . . . . . . . .
die Geschwister (nur Pl.) . . . . . . . . . . . . . . .

Seite 51

der Rentner, – . . . . . . . . . . . . . . .
die Rentnerin, -nen . . . . . . . . . . . . . . .
das Bild, -er . . . . . . . . . . . . . . .

Seite 52

freundlich . . . . . . . . . . . . . . .
ärgerlich . . . . . . . . . . . . . . .
· Was ist denn hier los? . . . . . . . . . . . . . . .
die Großeltern (nur Pl.) . . . . . . . . . . . . . . .

Seite 53

faul . . . . . . . . . . . . . . .
trinken . . . . . . . . . . . . . . .
das Kind, -er . . . . . . . . . . . . . . .
verheiratet . . . . . . . . . . . . . . .
allein . . . . . . . . . . . . . . .
getrennt . . . . . . . . . . . . . . .
geschieden . . . . . . . . . . . . . . .

der Sohn, "-e . . . . . . . . . . . . . . .
die Tochter, "- . . . . . . . . . . . . . . .
der Enkel, – . . . . . . . . . . . . . . .
die Enkelin, -nen . . . . . . . . . . . . . . .

Seite 54

der Mann, "-er . . . . . . . . . . . . . . .
die Frau, -en . . . . . . . . . . . . . . .
· Was ist er/sie von Beruf? . . . . . . . . . . . . . . .

Seite 55

richtig . . . . . . . . . . . . . . .
der Traumberuf, -e . . . . . . . . . . . . . . .

Seite 56

die Freude, -n . . . . . . . . . . . . . . .

Einige Berufe

♂ | ♀
--- | ---
der Arzt, "-e | die Ärztin, -nen
der Ingenieur, -e | die Ingenieurin, -nen
der Polizist, -en | die Polizistin, -nen
der Mechaniker, – | die Mechanikerin, -nen

## 1 Am Kiosk

🔊 **a Ergänze den Dialog. Hör zur Kontrolle.** 补充对话。听录音并检查。

tschüs – Ein – haben – kostet – möchte – ist –
Cent – Euro – die – und

● Guten Tag, ich _____ einen
  Kaugummi.

■ Den da?

● Ja, den da.

■ Der _____ 35 _____.

● Und _____ Sie _____ „Bravo"?

■ Ja, die _____ heute ganz neu.

● Die auch, bitte.

■ _____ Kaugummi _____ die „Bravo" – 1 _____ 65.
  2 Euro und 35 Cent zurück.

● Danke, _____.

🔊 **b Hör zu und ergänze den Dialog.** 听录音并补充对话。

O.k., dann die. – Äh … das ist falsch, glaube ich. – Die für 90 Cent, bitte. – 5 €. –
Haben Sie Gummibärchen? – Ja, die Zeitung bitte.

● _____

■ Ja, hier die kosten 90 Cent oder die 1,50 €.

● _____

■ Noch etwas?

● _____

■ Die „Bild"-Zeitung, die „Tageszeitung"…?

● Äh, ich weiß nicht – die ist für meinen
  Vater.

■ Dein Vater liest die „Tageszeitung".

● _____

■ Gummibärchen und die „Tageszeitung" –
  3,10 €.

● _____

■ Und 2 Euro 90 zurück.

● _____

■ Wie bitte? Ach so … Entschuldigung.
  Danke!

## 2 Hören üben

🔊 **a Was kosten die Sachen? Hör zu und schreib.** 这些东西要花多少钱？听录音并作记录。

1. _____  2. _____  3. _____  4. _____  5. _____

🔊 **b Englische Wörter im Deutschen – Hör zu und markiere die betonte Silbe.** 听录音并标出重读音节。

der Computer – der Comic – das Tablet – das T-Shirt – das Internet – surfen – chatten –
das Smartphone – das Handy – der Laptop

🔊 **c Hör noch einmal und sprich nach.** 再听一遍录音并跟读。

**3** Einkaufsdialoge

**a** Wer sagt was? Notiere: V (Verkäufer/in), K (Kunde/Kundin).
谁说了什么？请作标记（以 "V" 表示售货员，以 "K" 表示顾客）。

1. _K_ Was kostet der/das/die …?
2. ____ Das ist nicht so teuer.
3. ____ Der/Das/Die … kostet 50 Cent.
4. ____ Haben Sie auch Postkarten von Berlin?
5. ____ Ich möchte einen/ein/eine …
6. ____ Danke. Tschüs / Auf Wiedersehen.
7. ____ Nein, das habe ich leider nicht.
8. ____ So teuer?
9. ____ Was möchten Sie?
10. ____ Was möchtest du?
11. ____ Dann kaufe ich den/das/die.
12. ____ Möchtest du ein … oder ein …?

**b** Schreib einen Einkaufsdialog. Die Ausdrücke in 3a helfen.
写一篇购物对话。练习 3a 中的表达会给你提供帮助。

**4** Den da, das da, die da …

Ergänze die Dialoge mit *der, das* oder *die*. 用 der，das，die 填空。

**Dialog 1**
● Was kostet ein Kuli?
■ _____ da kostet 80 Cent und _____ da kostet 1 Euro 10.

**Dialog 2**
● Möchtest du _____ Postkarte oder _____ oder beide?
■ Ich nehme beide.

**Dialog 3**
● Welches Heft möchtest du?
■ _____ da mit den Linien.

**Dialog 4**
● Haben Sie Kaugummis?
■ Ja, _____ da kosten 35 Cent und _____ da kosten 45.

**5** Phonetik: *ei, au, eu*

Hör zu und ergänze *ei, au* oder *eu*. 听录音，填写 ei，au 或 eu。

P____l ist n____ in der Klasse.

Er kommt ____s Br____nschw____g.

Jetzt ist er m____n Fr____nd.

Er hat ____ne M____s.

Sie ist sehr kl____n und kommt ____s ____stralien.

**6** Einkaufen

Hör zu und kreuze an: a , b oder c . 听录音并画叉。你听到了 a 、 b 还是 c ?

1. Lukas kauft …

          a              b           c

einen Schokoriegel und Gummibärchen.    Gummibärchen und eine Zeitung.    einen Schokoriegel und eine Zeitung.

2. Er soll … bezahlen.

        a            b           c

5 Euro.           3,20 Euro.           1,80 Euro.

**7** Wünsche

**a** Ergänze die Artikel und die Pluralform. Ergänze auch deine Wünsche.
填写冠词和名词的复数形式。也可补充你的愿望。

_das_ T-Shirt, _-s_ _____ Buch, _____ _____ Handy, _____ _____ _____, _____

_____ Computer, _____ _____ Laptop, _____ _____ Poster, _____ _____ _____, _____

_____ Zeitschrift, _____ _____ Rucksack, _____ _____ Fahrrad, _____ _____ _____, _____

**b** Was möchten Pia und Rafik? Schreib die Sätze. Pia 和 Rafik 想要什么？造句。

_Pia möchte ein_
_Computerspiel._

_____
_____
_____
_____
_____
_____
_____

**c** Und du? Schreib deine Wünsche auf. 你想要什么？写下你的愿望。

_Ich möchte ..._

**8** Geburtstagswünsche

**a** _Ich möchte_ ... – Ergänze die Verbformen und dann die Sätze 1–6.
填写动词 möchten 的变位形式。然后补充句子 1–6。

ich _möchte_ _____
du _____
er/es/sie/man _____
wir _____
ihr _____
sie/Sie _____

1. Ich _____ ein Pferdebuch.
2. _____ du auch so gerne einen Hund?
3. Rafik _____ einen Taschenrechner.
4. Pia und ich _____ ein Mountainbike.
5. _____ ihr eine Schokolade?
6. Kinder _____ immer so viel haben.

**b** Wiederholung Akkusativ – Ergänze passende Gegenstände und schreib die Sätze.
Es gibt verschiedene Möglichkeiten. Achte auf die Artikel.
填写合适的物品，写句子。注意单词的词性。答案非唯一。

die Katze – das Fahrrad – der Laptop – das Tablet – der Tennisschläger – die Sonnenbrille – der Hund – der Taschenrechner – die Konzertkarte – das Buch

1. Rafik hat einen ..., aber er hat keine ...
2. Er möchte gerne eine ... und einen ...
3. Pia hat einen ... und jetzt möchte sie ein ...
4. Rafiks Vater hat eine ... und einen ...
5. Pias Mutter möchte gerne eine ... und ein ...

_1. Rafik hat einen Tennisschläger, aber er hat keine Sonnenbrille._
_ODER:_
_1. Rafik hat einen Laptop, aber er hat keine Katze._

## 9 Verben trainieren

**a** Diese Verben sind aus prima A1.1. Kennst du sie alle? Schlag die anderen nach.
你认识课本中的所有动词吗？查阅一下生词。

abholen, anfangen, anmelden, antworten, arbeiten, aufstehen, ausgeben, ausmachen, basteln, beginnen, besuchen, bezahlen, buchstabieren, chatten, fahren, fernsehen, fliegen, fotografieren, geben, haben, heißen, hören, kaufen, kochen, kommen, kosten, lernen, lesen, machen, möcht(en), mögen, malen, mitmachen, mitkommen, nehmen, reiten, sagen, schreiben, schwimmen, sehen, sein, shoppen, spielen, sprechen, suchen, surfen, telefonieren, verstehen, wohnen

**b** Besondere Verben – Schreib wie in den Beispielen. 特殊动词——依照示例写出动词变化。

| trennbare Verben | Verben mit Vokalwechsel | unregelmäßige Verben |
|---|---|---|
| abholen, er holt ab, mitkommen, er kommt mit ... | anfangen, er fängt an fahren, er fährt | haben, er hat |

**c** Sprich die Verben laut. Markiere den betonten Vokal: lang _ oder kurz ·. Hör zur Kontrolle.
大声朗读动词。标出重读元音。长元音用"_"标出，短元音用"·"标出。听录音并检查。

fahren – basteln – sehen – sprechen – fliegen – schwimmen – wohnen – kochen – mögen – möcht(en) – telefonieren – buchstabieren – fotografieren – ausgeben – abholen – mitmachen – beginnen – verstehen – bezahlen

**d** Ergänze die Sätze mit einem passenden Verb aus 9a in der richtigen Form.
用练习 9a 中合适动词的正确变化形式填写句子。

1. Nach den Hausaufgaben __surfe__ ich im Internet oder __sehe__ __fern__.

2. Mein Bruder _____ gern. Er hat 100 Bücher im Tablet.

3. Ich _____ gerne ein Pferd, aber meine Eltern können das nicht _____.

4. Meine Freundin _____ gern, aber sie hat kein Pferd.

5. Ein Pferd _____ bei uns fast 500 Euro im Monat.

6. ● _____ du 3-D-Computerspiele? ■ Ich _____ nicht gern Computerspiele.

7. ● Ich _____ ins Kino. _____ du _____? Der Film _____ um drei.

   ■ O.k., ich _____ _____. Ich _____ dich um 14 Uhr _____.

## 10 Jugendliche und Geld

**Schreib die Dialoge ins Heft.** 将对话写到练习本上。

**Dialog 1**

● Taschengeld / bekommen / du / ?

■ Nein, / 5 € / aber / von Oma / pro Woche / bekommen / ich / .

**Dialog 2**

● Taschengeld / bekommen / du / wie viel / ?

■ pro Monat / bekommen / 15 € / ich / .

● von Oma oder Opa / bekommen / du / Geld / ?

■ bekommen / 10 € / pro Monat / von Opa / ich / .

*Wie viel Taschengeld bekommst du?*

*Ich bekomme 2 Giga-byte in der Woche.*

Dialog 1
● Bekommst du Taschengeld?
...

## 11 Meine Ausgaben

**a** Geld ausgeben – Schreib Texte zu den Bildern wie im Beispiel. 依照例句看图写短文。

| | | | | |
|---|---|---|---|---|
| gern gehen | gerne fahren | Geld sparen | Tiere mögen | möchte |
| ausgeben | Geld sparen | möchte kaufen | möchte kaufen | Klavier lernen |
| im Monat | möchte kaufen | eine Spielkonsole | einen Hund | aber |
| 10 Euro | ein Skateboard | | | sehr teuer |
| das Kino | | | | ein Klavier |

*Ich gehe gern ins Kino. Ich gebe 10 Euro im Monat für Kino aus.*

**b** Schreib einen Text wie in 11a über dich. 依照练习 11a 写一篇关于你自己的短文。

## 12 Mein Geld reicht nicht!

**Geld verdienen, aber wie? Schreib die Sätze.** 如何挣钱呢？造句。

1. Ich / für meine Oma / samstags / einkaufen /. _____

2 blöd / finden / Rasenmähen / ich /. _____

3. ich / Nachhilfe / geben / gerne /. _____

4. langweilig /Autowaschen / sein. _____

5. Babysitten / gut / ich finden /. _____

6. mögen / ich / Rasenmähen / nicht /. _____

## 13 Schüler-Chat

**Groß oder klein? Im Internet schreiben viele Leute alle Wörter klein. Lies und korrigiere.**
大写还是小写？在网上许多人将所有的单词都小写。阅读下文并改错。

| Schüler-Chat | ⁺Neue Nachricht | Optionen | ⇨ Startseite |
|---|---|---|---|

**BlingDeluxe**

|
ich habe viel geld. ich bin 13 und bekomme 40 euro taschengeld. ich arbeite 2
stunden in der woche und bekomme so pro monat noch mal 40 €. das ist mein geld.
kleidung bezahlt meine oma.

**TwanX 2.0**

hi, ich bin 14. ich wohne in san diego. ich bekomme kein taschengeld. ich habe viele
jobs: babysitten, im supermarkt helfen, zeitungen austragen. das bringt ungefähr
150 dollar im monat. bei uns in den usa machen das viele jugendliche.

## Leseecke

Lies das Interview aus der Schülerzeitung „Kerner". Kreuze bei 1–6 an: R richtig oder F falsch.

阅读学生报纸《Kerner》的采访，判断正误并画叉。

# Freizeit und Geld – das „Kerner"-Interview

**Kerner**   Könnt ihr euch bitte kurz vorstellen?

**Mariana**   Ich heiße Mariana Stanzl, ich bin 13 Jahre alt und gehe in die Klasse 7 vom Justinus-Kerner-Gymnasium in Heilbronn.

**Mika**   Mika Baum, 12, Elsa-Throm-Schule, Heilbronn.

**Julia**   Ich heiße Julia Tritsch. Ich bin in der Klasse von Mariana. Ich bin auch 13.

**Kerner**   Was macht ihr in der Freizeit?

**Mariana**   Ich mag Pferde sehr gern. Ich bin viel auf einem Reiterhof. Aber ich habe kein Pferd. So viel Geld haben meine Eltern nicht. Ich arbeite auf dem Reiterhof und dann kann ich manchmal auch reiten.

**Kerner**   Und du, Mika?

**Mika**   Ich spiele Fußball im Verein. Aber ich habe auch andere Hobbys. Ich höre viel Musik und mache viel am Computer.

**Kerner**   Was hörst du?

**Mika**   Deutschen HipHop, aber ich mag auch Rock. Mein Vater hat viele alte CDs. Die höre ich gern. „Tommy" von „The Who" finde ich super. Das ist eine Rock-Oper.

**Kerner**   Ein Rock-Opa?

**Mika**   Nein, eine Rock-OPER.

**Julia**   Ich höre auch ab und zu alte Sachen. Da gibt es ganz tolle Sachen.

**Kerner**   Hast du noch ein Hobby?

**Julia**   Ich treffe mich gern mit meinen Freundinnen. Wir gehen in die Stadt zum Shoppen. Meistens schauen wir uns die Sachen aber nur an. Wir haben nicht so viel Geld. Aber manchmal kaufe ich auch etwas.

**Kerner**   Wie viel Taschengeld bekommt ihr?

**Julia**   Ich bekomme 12 Euro pro Monat und meine Eltern zahlen die Flatrate für das Handy.

**Mariana**   Ich bekomme 8 Euro. Aber meine Oma gibt mir noch 10 Euro im Monat.

**Mika**   Ich bekomme 16 Euro, aber ich kaufe Hefte und Stifte selbst.

**Kerner**   Verdient ihr schon Geld?

**Mariana**   Ich habe keine Zeit. Ich arbeite so viel bei den Pferden und für die Schule.

**Julia**   Ich gehe für meine Oma einkaufen und dann gibt sie mir ein bisschen Geld.

**Mika**   Ich bin gut in Mathe und gebe dem Sohn von Freunden Nachhilfe in Mathe. Ich bekomme 10 Euro pro Stunde.

1. Alle drei wohnen in Heilbronn.    R F
2. Alle drei sind im Justus-Kerner-Gymnasium.    R F
3. Mariana hat ein Pferd.    R F
4. Mika macht Musik am Computer.    R F
5. Julia geht mit Freundinnen in die Stadt.    R F
6. Alle drei verdienen Geld.    R F

## Meine Ecke

**Was bekommt Janina zum Geburtstag? Kannst du den Text lesen?**

Janina 生日那天得到了什么？这篇短文你能看出来吗？

Janina mag Technik. Sie möchte zum Geburtstag ein Mofa. Aber ihre Eltern finden ein Mofa zu teuer. Sie bekommt ein Poster mit Mofas, ein T-Shirt mit Mofas und ein Mofa-Buch. Und sie bekommt ein Fahrrad. Fahrradfahren ist gesund, sagen ihre Eltern.

**Mach die Übungen. Kontrolliere im Schlüssel auf Seite 79 und kreuze an:**
做下面的练习并比对第 79 页上的答案。根据自身情况画叉。

😊 das kann ich gut   😐 das kann ich einigermaßen   🙁 das muss ich noch üben

**1** Sagen, was man haben möchte   Ergänze den Dialog. 补充对话。

● Was möchtest du?

■ _____

● Noch etwas?

■ _____

**2** Wünsche äußern   Was möchten Hannah und Jens, was möchtest du? Schreib Sätze.
Hannah 和 Jens 想要什么? 你想要什么? 造句。

Hannah
_____
_____
_____

Jens
_____
_____
_____

Ich
_____
_____
_____

**3** Preise verstehen   Hör zu und notiere die Preise. 听录音并记录物价。

1. Der Comic kostet _____ Euro.

2. Die Zeitschriften kosten _____ Euro oder _____ Euro.

3. Das Mädchen bezahlt zusammen _____ Euro.

**4** Über Taschengeld sprechen   Schreib zwei Fragen und deine Antworten.
写两个问句和你的回答。

Bekommst _____? _____

Wie _____? _____

**5** Sagen, was man gut / nicht gut findet   Schreib die Sätze zu Ende. 将句子写完整。

1. Rasenmähen finde ich _____. Das mache ich _____.

2. Fernsehen _____. Basketball _____.

**6** Drei Lesestrategien   Welche Strategie passt? Ordne die Symbole zu.
哪种阅读策略合适? 将左边的 1，2，3 与右边的 A、B、C 配对。

1. Dich interessiert nur: Was ist das Thema?
2. Du suchst eine Information (z.B.: Wann beginnt der Film?)
3. Dich interessiert: Was sagt der Text genau?

A   B   C

Seite 57

die Zeitung, -en .......................

die Zeitschrift, -en .......................

die Postkarte, -n .......................

der Comic, -s .......................

das Gummibärchen, – .......................

der Apfelsaft, – .......................

die Limo, -s .......................

der Kaugummi, -s .......................

der Schokoriegel, – .......................

die Tüte, -n .......................

Seite 58

· Ich hätte gerne … .......................

kosten .......................

· Was kostet/kosten …? .......................

nehmen, nimmt .......................

· Noch etwas? .......................

· Das ist alles. .......................

· Das macht 2 Euro. .......................

zurück .......................

kaufen .......................

bezahlen .......................

zurückgeben,

gibt … zurück .......................

Seite 59

der Kiosk, -e .......................

· am Kiosk .......................

der Preis, -e .......................

· Tut mir leid. .......................

· Das habe ich leider nicht. .......................

Seite 60

· Wie heißt … auf Deutsch? .......................

der Geburtstagswunsch, "-e .......................

teuer .......................

billig .......................

der Tennisschläger, – .......................

Seite 61

möcht(en) .......................

· Ich möchte ein Skateboard. .......................

· zum Geburtstag .......................

der Geburtstag, -e .......................

Seite 62

das Taschengeld (nur Sg.) .......................

bekommen .......................

das Geld (nur Sg.) .......................

selbst .......................

der Monat, -e .......................

· pro Monat .......................

die Süßigkeiten (nur Pl.) .......................

ungefähr .......................

ausgeben, gibt … aus .......................

· Wie viel Geld gibst

  du für Kino aus? .......................

oft .......................

manchmal .......................

nie .......................

der Job, -s .......................

verdienen .......................

die Nachhilfe .......................

geben, gibt .......................

· Nachhilfe geben .......................

finden .......................

· Ich finde … gut/super. .......................

interessant .......................

blöd .......................

der Spaß (nur Sg.) .......................

· Das macht Spaß. .......................

Mein Tipp:
Lerne Wörter in Gruppen.

billig – teuer

interessant – langweilig

super – blöd

sehr gut – nicht so gut

Spaß machen – keinen Spaß machen

gerne machen – nicht gerne machen

immer – oft – manchmal – nie

Texte verstehen

**a** Am Samstag bei Familie Bach – Wer ist wer? Sieh dir das Bild an und ergänze die Texte 1–10.
谁是谁? 看图补充课文 1–10。

Mutter – Vater – Bruder – Schwester – ich – Hund – Katze – Oma und Opa – Onkel und Tante

1. _Mein Onkel und meine Tante_      haben Fahrräder. Am Samstag fahren sie oft Fahrrad und kommen zu uns.

2. Meine _____      trifft samstags ihre Freundinnen Amelie und Else. Sie trinken Kaffee. Dann gehen sie spazieren oder ins Kino.

3. _____      ist noch klein, sie ist sechs Jahre alt. Sie spielt und hört Musik. Sie möchte mit uns schwimmen gehen. Das mag ich nicht.

4. _____      ist schon 80, aber er fährt noch Fahrrad. Am Samstag liest er Zeitung oder ein Buch. Oder er schläft. Er spielt gut Klavier.

5. _____      gehe oft am Samstag schwimmen und treffe meine Freunde. Ich kaufe gern Süßigkeiten.

6. _____      ist Sekretärin. Am Samstag arbeitet sie nicht. Sie liest und hört Musik. Sie mag Rock und Jazz.

7. _____      heißt Lobby und ist sehr lieb. Er ist drei Jahre alt. Sein Hobby ist Essen. Er mag Pizza, Spaghetti, Wurst …

8. _____      ist 15 Jahre alt. Er spielt Gitarre und Schlagzeug. Er kocht oft mit Papa zusammen.

9. _____      ist schon sechs Jahre. Sie liegt und schläft und schläft. Sie mag Opa. Sie frisst keine Mäuse, nur Katzenfutter.

10. _____      ist Informatiker und er kann sehr gut kochen. Er kocht jeden Samstag.

**b** Familienhobbys – Wer macht was? Lies noch einmal und ergänze die Sätze.
谁做什么？再读一遍课文，填写句子。

1. <u>Onkel, Tante und Opa</u> fahren Rad.

2. _____ können kochen.

3. _____ hören Musik.

4. _____ machen Musik.

5. _____ machen Sport.

6. _____ trinken gern Kaffee.

7. _____ schlafen gerne.

8. _____ sind 6 Jahre alt.

**c** Und deine Familie? Wer macht was am Samstag? Schreib einen Text im Heft.
你的家庭成员呢？他们在周六分别会做些什么？ 将短文写在练习本上。

*Am Samstag schlafen wir lange.*
*Mein Vater steht um 8 Uhr auf, aber meine Mutter ...*

 **Phonetik**

Umlaut-Diktat – Hör zu und ergänze die 18 Umlaut-Punkte für *ä*, *ö* und *ü*.
听录音并补充 18 处变元音：ä，ö，ü。

● Was magst du?

■ Ich mag Tiere, ich mag Vogel. Ich habe auch einen Vogel zu Hause, einen Papagei. Er heißt Ara. Er ist sehr schon, blau, rot und grun und kann viele Worter: „mude", „zu spat" und „tschus". Ich mochte auch einen Hund oder eine Hundin haben. Aber mein Vater mag keine Hunde.

● Hast du Geschwister?

■ Ja, ich habe funf Bruder.

● Mogen deine Bruder auch Tiere?

■ Ja, sie mogen Kangurus und Mause. Sie haben eine Maus zu Hause. Ich finde Mause blod.

 Hören und verstehen

Welche Reaktion passt? Hör zu und kreuz an. 哪个反应合适？听录音并画叉。

| 1. | 2. | 3. | 4. |
|---|---|---|---|
| a Um sechs Uhr. | a Um fünf. | a Ich mag Tennis. | a O.k., super. |
| b Es ist fünf vor drei. | b Ich habe keine Uhr. | b Wann geht ihr? | b Wann kommst du? |

| 5. | 6. | 7. | 8. |
|---|---|---|---|
| a Was machst du? | a Sie hört gerne Jazz. | a Beide, bitte. | a Nein, ich habe ein Fahrrad. |
| b Nein, er ist Elektriker. | b Sie arbeitet zu Hause. | b Danke. | b Ein Poster und ein T-Shirt. |

Grammatik wiederholen

## E1 | Neu hier?

Schreib Fragen mit den Verben *heißen, kommen, mögen, wohnen* und beantworte sie.
用动词 heißen，kommen，mögen，wohnen 写问句并回答。

1. Wie *heißt du* _____? *Ich heiße ...* _____

2. Woher _____? _____

3. Wo _____? _____

4. Was _____? _____

## E2 | Meine Klasse

**a** Ergänze die Personalpronomen. 填写人称代词。

_____ heiße Leo. Das links ist mein Freund Nick.

_____ kommt aus Hamburg.

In der Mitte ist meine Freundin Jule.

_____ kommt aus Bremen.

**b** Artikel – Ergänze den bestimmten Artikel. 填写定冠词。

| _____ Buch | _____ Heft | _____ Rucksack | _____ Handynummer |
| _____ Uhr | _____ Brille | _____ Schule | _____ Adresse |

## E3 | Tiere

**a** Ergänze die Nomen im Plural. 填写名词的复数形式。

– der Freund, zwei _____

– das Buch, drei _____

– das Tier, fünf _____

**b** Konjugation *haben* – Ergänze die richtige Form.
填写动词 haben 的正确变化形式。

● _____ du ein Haustier?

■ Nein, ich _____ kein Tier, aber meine Schwester

_____ ein Kaninchen.

**c** Schreib die Ja/Nein-Fragen und beantworte sie. 写一般疑问句并回答。

1. du / eine Katze / haben / ?   *Hast du* _____

   *Nein,* _____

2. Filme / gerne / sehen / du / ? _____

   _____

3. ein Handy / haben / du / ? _____

   _____

**d** Akkusativ – Ergänze den Artikel. 填写第四格不定冠词。

● Habt ihr e_____ Hund?

■ Ja, er heißt Bello. Habt ihr auch e_____ Hund?

● Nein, wir haben k_____ Hund, wir haben e_____ Katze.

## E4 | Mein Schultag

Schreib Sätze wie im Beispiel. 依照例句写句子。

1. `08:00` Schule / beginnen   *Um acht Uhr beginnt die Schule.* _____

2. `12:30` wir / Mittagspause / haben   _____

3. ich / nachmittags / Hausaufgaben / machen   _____

## E5 | Hobbys

**a** Trennbare Verben – Schreib Sätze oder Fragen. 写句子或问句。

1. Jule / um halb sieben / aufstehen _____

2. du / mitkommen / ? _____

3. ich / nicht gerne / fernsehen _____

**b** *Können* – Ergänze die richtige Form. 填写动词 können 的正确变化形式。

● Was _____ du gut?

■ Ich _____ gut Gitarre spielen und das ist meine Freundin Hannah,

   sie _____ super kochen.

**c** Verben mit Vokalwechsel: *fernsehen, fahren* – Ergänze die richtige Form.
填写动词 fernsehen 和 fahren 的正确变化形式。

1. Mein Bruder _____ jeden Tag _____ .

   _____ du auch gerne _____ ?

2. Mein Freund _____ gerne Ski,

   ich _____ gerne Snowboard.

## E6 | Meine Familie

**a** Possessivartikel – Ergänze die richtige Form. 填写物主代词的正确形式。

Ich bin Lisa und das sind _____ Bruder Tom

und _____ Freundin Nora.

Und das da hinten sind u_____ Eltern.

**b** Männer und Frauen – Ergänze. 填写女性职业名称。

der Lehrer        die _____

der Schüler       die _____

der Informatiker   die _____

der Verkäufer     die _____

## E7 | Was kostet das?

**a** *Ich möchte …* – Ergänze die richtige Form.
填写动词 möchten 的正确变化形式。

Gehen wir zum Kiosk? Ich _____ eine Cola

kaufen, Tim _____ eine Zeitschrift

kaufen und Sina und Tanja _____

Süßigkeiten kaufen.

**b** Ergänze die richtigen Formen von *mögen* und *treffen*.
填写动词 mögen 和 treffen 的正确变化形式。

**Dialog 1**

● _____ du Pizza?

■ Nein, ich _____ Pizza nicht.

**Dialog 2**

● _____ ihr heute noch Sandra?

■ Nein, wir _____ sie nicht, aber Janek _____ sie morgen in der Schule.

**c** Schreib die Sätze. 造句。

1. eine Playstation / kaufen / ich / möchte  _____

2. ins Kino gehen / du / möchtest / ?  _____

3. du / bekommst / Taschengeld / wie viel / ? _____

4. Sandra / für Bücher / aus / viel Geld / gibt _____

5. Geld / ich / verdiene / mit Nachhilfe  _____

Teste deine Grammatik

Lies den Brief und wähle für jede Lücke (1–20) das richtige Wort aus [a], [b], [c].
阅读下面的信件并选择正确答案。

| Neue Mail | ⇨ Senden |

| An | marcoreinders@example.com |
| Betreff | Brieffreundschaft |

Hallo, Marco,

ich habe deine Adresse von Brieffreundschaft.de. (1) geht's? Ich heiße Tim und (2) 13 Jahre alt.

Ich mag Musik und Fußball. Was machst du gerne? (3) du Geschwister?

Wir wohnen (4) Hamburg. Wir, das sind (5) Eltern, (6) Bruder Stefan und (7) Schwester Johanna.

Johanna ist noch klein, (8) ist drei Jahre alt, Stefan ist 12. (9) Hobby ist auch Sport. Er (10) auch

Fußball. Wir machen viel zusammen. Wir haben auch (11) Hund, er heißt Racker.

Mein Schultag? Also, ich stehe um halb sieben auf. Die Schule beginnt um zehn vor acht. Um halb

acht (12) ich Oskar (12) und dann gehen wir zusammen zur Schule. Oskar ist mein Freund.

Wir haben Schule bis um ein Uhr. Meine Lieblingsfächer (13) Mathematik und Englisch. Ich (14) schon

gut Englisch. Wie ist dein Schultag und was sind deine Lieblingsfächer?

Nachmittags mache ich Hausaufgaben und dann treffe ich meine (15) oder ich mache Sport.

(16) Wochenende gehe ich gerne ins Kino. Ich lese auch gerne, (17) und Zeitschriften. Ich gebe viel

Geld für Zeitschriften aus. (18) du auch gerne? Wie viel Geld (19) du für Zeitschriften (19)?

(20) Taschengeld bekommst du?


Tim

| 1. | 2. | 3. | 4. | 5. |
|---|---|---|---|---|
| [a] Wer | [a] sein | [a] Hast | [a] in | [a] mein |
| [b] Wo | [b] bin | [b] Haben | [b] aus | [b] meinen |
| [c] Wie | [c] ist | [c] Hat | [c] am | [c] meine |

| 6. | 7. | 8. | 9. | 10. |
|---|---|---|---|---|
| [a] mein | [a] meine | [a] sie | [a] Sein | [a] mögen |
| [b] meinen | [b] meinen | [b] er | [b] Dein | [b] mögt |
| [c] meine | [c] mein | [c] ihr | [c] Ihr | [c] mag |

| 11. | 12. | 13. | 14. | 15. |
|---|---|---|---|---|
| [a] einen | [a] hole … ab | [a] sind | [a] kannst | [a] Freunde |
| [b] ein | [b] holt … ab | [b] bin | [b] kann | [b] Freund |
| [c] eine | [c] holen … ab | [c] ist | [c] könnt | [c] Freunden |

| 16. | 17. | 18. | 19. | 20. |
|---|---|---|---|---|
| [a] Am | [a] Buch | [a] Liest | [a] ausgeben | [a] Wie viel |
| [b] Im | [b] Bücher | [b] Lest | [b] gibst … aus | [b] Was |
| [c] Um | [c] die Bücher | [c] Lesen | [c] gebe … aus | [c] Wie |

Logikclub

**a** Wer ist wer? Lies die Sätze und ergänze die Tabelle. 谁是谁？阅读句子，补充表格。

| | Wohnort | Hobby | Alter |
|---|---|---|---|
| Sascha | | | |
| Robert | | | |
| Julia | | | |
| Maria | | | |

Sascha ist vierzehn Jahre alt.

Robert wohnt nicht in Bonn.

Maria spielt gern Fußball.

Das Mädchen aus Frankfurt macht Judo.

Der Junge aus Innsbruck ist 15 Jahre alt.

Julia ist so alt wie Sascha.

Maria ist so alt wie Robert.

Der Junge aus Passau spielt nicht Tennis,

aber der andere Junge.

Ein Junge macht Karate.

**b** Schreib Fragen ins Heft und beantworte sie mit der Tabelle: Alter, Wohnort, Hobbys.
将问题写到练习本上，并用表格中的内容（年龄、住处、爱好）回答问题。

*Wie heißt das Mädchen aus Frankfurt? Wer wohnt ...? Was ...?*

 Lange Wörter

Wie viele Wörter findest du in diesen Wörtern? Arbeite mit dem Wörterbuch.
在这些单词中你能找出几个单词？借助词典完成此练习。

| | | | | |
|---|---|---|---|---|
| Tierposter | Familienfoto | Haustier | Taschengeld | Fußball |
| Jugendzeitschrift | Gitarrenunterricht | Großeltern | Handynummer | Konzertkarte |
| Motorrad | Hausnummer | Nachmittag | Klassenzimmer | Tierarzt |
| Mathestunde | Wochentag | Wochenende | die Lernkarte | Kugelschreiber |

*Tierposter: das Tier, das Poster*

Wortschatz trainieren

Im Bild findest du mindestens 40 Nomen aus prima^plus● .

在图中你至少可找到课本中出现的 40 个名词。

Schreib die Artikel und die Pluralformen dazu. 写出名词的冠词和复数形式。

 Lesen und verstehen

SMS-Nachrichten – Was passt zusammen?

短信：请连线。

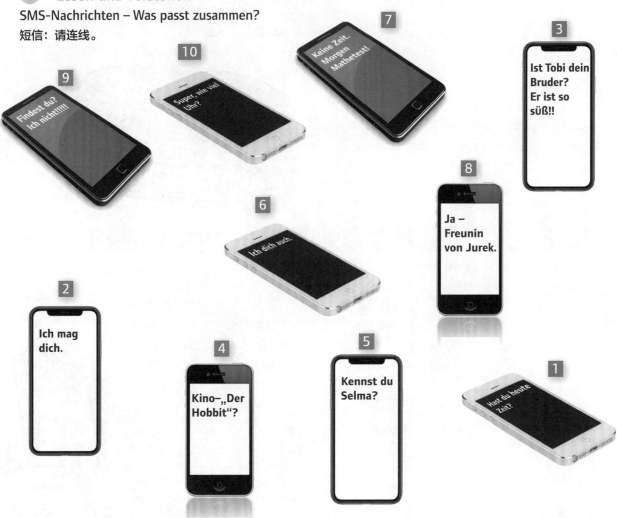

Inhaltsverzeichnis

# Verben

## Regelmäßige Verben

| Infinitiv | **spielen** | |
|---|---|---|
| Singular | ich | spiele |
| | du | spielst |
| | er/es/sie | spielt |
| Plural | wir | spielen |
| | ihr | spielt |
| | sie | spielen |
| Höflichkeitsform | Sie | spielen |

*Mein Tipp:*
*Regelmäßige Verben sind leicht. Merk dir e-st-t und en-t-en, das reicht.*

Genauso funktionieren:
machen, kommen, wohnen,
lernen, fragen, rappen, jonglieren ...

## Verben mit Vokalwechsel: *e* ⇨ *i* und *a* ⇨ *ä*

| Infinitiv | **sprechen** | | | |
|---|---|---|---|---|
| Singular | ich | spreche | fahren | er/sie fährt |
| | du | sprichst | lesen | er/sie liest |
| | er/es/sie | spricht | schlafen | er/sie schläft |
| | | | sehen | er/sie sieht |
| Plural | wir | sprechen | treffen | er/sie trifft |
| | ihr | sprecht | waschen | er/sie wäscht |
| | sie | sprechen | | |
| Höflichkeitsform | Sie | sprechen | | |

*Mein Tipp:*
*Verben mit Vokalwechsel immer mit der 3. Person Singular lernen: ich spreche – er/sie spricht.*

## Unregelmäßige Verben

| Infinitiv | | sein | haben | mögen | möcht(en) |
|---|---|---|---|---|---|
| Singular | ich | bin | habe | mag | möchte |
| | du | bist | hast | magst | möchtest |
| | er/es/sie | ist | hat | mag | möchte |
| Plural | wir | sind | haben | mögen | möchten |
| | ihr | seid | habt | mögt | möchtet |
| | sie | sind | haben | mögen | möchten |
| Höflichkeitsform | Sie | sind | haben | mögen | möchten |

*Wie alt bist du?*

*Ich bin 13.*

- Hast du ein Haustier?
- Ja, ich habe eine Katze.

- Magst du Mathe?
- Nein, ich mag Bio.

- Was möchtest du zum Geburtstag?
- Ich möchte ein Handy.

## Modalverb *können*

| Infinitiv | | können |
|---|---|---|
| Singular | ich | kann |
| | du | kannst |
| | er/es/sie | kann |
| Plural | wir | können |
| | ihr | könnt |
| | sie/Sie | können |

*Ich kann gut Computerspiele spielen.*

*Kann ich mitspielen?*

## Trennbare Verben

| Infinitiv | | Position 2: Verb | | Ende |
|---|---|---|---|---|
| fern/sehen | Sie | sehen | gerne | fern. |
| mit/kommen | | Kommst | du | mit? |
| ab/holen | Ich | hole | dich um acht Uhr | ab. |
| ein/kaufen | Wir | kaufen | gerne | ein. |
| an/fangen | Wann | fängt | der Film | an? |
| auf/stehen | Um wie viel Uhr | stehst | du | auf? |
| | Wir | können | | anfangen. |
| | | Kannst | du heute | mitkommen? |

## Nomen-Verb-Kombinationen

| | | | | |
|---|---|---|---|---|
| Rad fahren | Ich | fahre | gerne | Rad. |
| ins Kino gehen | Wir | gehen | am Samstag | ins Kino. |

## Nomen und Artikel

### Artikel

| | Maskulinum | Neutrum | Femininum | Plural |
|---|---|---|---|---|
| bestimmte Artikel | **der** Laptop | das Tablet | **die** Maus | **die** Laptops/Tablets/ Mäuse |
| unbestimmte Artikel | **ein** Laptop | **ein** Tablet | **eine** Maus | — Laptops/Tablets/ Mäuse |
| unbestimmte Artikel (negativ) | **kein** Laptop | **kein** Tablet | **keine** Maus | keine Laptops/Tablets/ Mäuse |
| Possessivartikel | **mein**\* Laptop | **mein**\* Tablet | **meine**\* Maus | meine Laptops/Tablets/ Mäuse |

\*Genauso funktionieren: dein, sein, ihr, unser, euer → siehe Seite 75.

### Singular und Plural

| | | |
|---|---|---|
| -e | der Stift | die Stifte |
| -n | die Tasche | die Taschen |
| – | das Kaninchen | die Kaninchen |
| -nen | die Schülerin | die Schülerinnen |
| ″-er | das Buch | die Bücher |
| ″-e | die Maus | die Mäuse |
| -s | das Tablet | die Tablets |
| … | | |

Nomen immer mit Artikel und Pluralform lernen.

die Maus die Mäuse
Ich mag Mäuse.

### Femininum und Maskulinum bei Berufen

| | |
|---|---|
| der Lehrer | die Lehrerin |
| der Schüler | die Schülerin |
| der Verkäufer | die Verkäuferin |
| der Polizist | die Polizistin |
| der Arzt | die Ärztin |

der Lehrer

### Nominativ und Akkusativ

**Nominativ**

| Maskulinum | Neutrum | Femininum | Plural |
|---|---|---|---|
| Das ist **der** Laptop. | Das ist das Tablet. | Das ist **die** Maus. | Das sind die Laptops/ Tablets/Mäuse. |
| Das ist ein Laptop. | Das ist ein Tablet. | Das ist eine Maus. | Das sind – Laptops/ Tablets/Mäuse. |
| Das ist kein Laptop. | Das ist kein Tablet. | Das ist keine Maus. | Das sind keine Laptops/ Tablets/Mäuse. |
| Das ist mein Laptop. | Das ist mein Tablet. | Das ist meine Maus. | Das sind meine Laptops/ Tablets/Mäuse. |

Das Subjekt ist immer im Nominativ – Frage WER? (Personen) oder WAS? (Dinge).

## Akkusativ

| Maskulinum | Neutrum | Femininum | Plural |
|---|---|---|---|
| Ich suche den Laptop. | Ich suche das Tablet. | Ich suche die Maus. | Ich suche die Laptops/Tablets/Mäuse. |
| Ich habe einen Laptop. | Ich habe ein Tablet. | Ich habe eine Maus. | Ich habe – Laptops/Tablets/Mäuse. |
| Ich habe keinen Laptop. | Ich habe kein Tablet. | Ich habe keine Maus. | Ich habe keine Laptops/Tablets/Mäuse. |
| Ich suche meinen Laptop. | Ich suche mein Tablet. | Ich suche meine Maus. | Ich suche meine Laptops/Tablets/Mäuse. |

Das (direkte) Objekt steht im Akkusativ: Frage WEN? (Personen) oder WAS? (Dinge).

**Beim Akkusativ merken:** Im Maskulinum Singular ist die Endung *-en*.

Die meisten Verben haben Akkusativ.

abholen, basteln, beginnen, bekommen, brauchen, buchstabieren, fragen, haben, hören, kaufen, kochen, kosten, lernen, lesen, machen, malen, mögen, reiten, sagen, schreiben, sehen, singen, spielen, studieren, suchen, tanzen, treffen, trinken, verdienen, waschen …

## Possessivartikel

| | der Bruder | das Kind | die Schwester | die Eltern |
|---|---|---|---|---|
| ich | **mein** Bruder | **mein** Kind | **meine** Schwester | **meine** Eltern |
| du | **dein** Bruder | **dein** Kind | **deine** Schwester | **deine** Eltern |
| er | **sein** Bruder | **sein** Kind | **seine** Schwester | **seine** Eltern |
| es | **sein** Bruder | **sein** Kind | **seine** Schwester | **seine** Eltern |
| sie | **ihr** Bruder | **ihr** Kind | **ihre** Schwester | **ihre** Eltern |
| wir | **unser** Bruder | **unser** Kind | **unsere** Schwester | **unsere** Eltern |
| ihr | **euer** Bruder | **euer** Kind | **eu(e)re** Schwester | **eu(e)re** Eltern |
| sie | **ihr** Bruder | **ihr** Kind | **ihre** Schwester | **ihre** Eltern |
| Sie | **Ihr** Bruder | **Ihr** Kind | **Ihre** Schwester | **Ihre** Eltern |

Possessives -s

| | |
|---|---|
| Beate | Beates Buch = das Buch von Beate = ihr Buch |
| Papa | Papas Tablet = das Tablet von Papa = sein Tablet |

## Adjektive

### Adjektive nach dem Nomen

Biologie finde ich interessant.

Der Elefant ist groß.
Der Tiger ist stark.
Die Maus ist klein.

## Präpositionen

### Ort

- ● Woher kommst du?
- ■ **Aus** Deutschland, aus Berlin.
- ● Wo wohnst du jetzt?
- ■ **In** Österreich, in Wien.

### Zeit

| | |
|---|---|
| Wann kommst du? | **Um** acht Uhr. |
| Wie lange hast du Schule? | **Von** acht Uhr **bis** Viertel nach eins. |
| Wie viel Uhr ist es? | Zwölf Uhr. |
| | Viertel **vor** zwölf. |
| | Viertel **nach** zwölf. |
| Wann habt ihr Sport? | **Am** Montag. |

### Andere Präpositionen

| | |
|---|---|
| Was möchtest du **zum** Geburtstag? | Ein Fahrrad. |
| Wie viel Taschengeld bekommst du? | Ich bekomme 25 Euro **pro** Monat. |

## Die Wörter im Satz

### W-Fragen

| | Position 2: Verb | |
|---|---|---|
| Wie | heißt | du? |
| Woher | kommst | du? |
| Wo | wohnst | du? |
| Wann | stehst | du auf? |
| Wie lange | bist | du in der Schule? |
| Was | kannst | du gut? |

### Ja/Nein-Fragen

| | | |
|---|---|---|
| Magst | du | Sport? |
| Hat | dein Bruder | ein Haustier? |
| Kommst | du | mit? |
| Kannst | du | kochen? |

*Kannst du gut kochen?*

*Nein, aber ich kann gut essen.*

## Aussagesätze

| | Position 2: Verb | | Ende |
|---|---|---|---|
| Ich | schwimme. | | |
| Mario | schwimmt | gern. | |
| Sie | hat | eine Katze. | |
| Jugendliche | hören | gerne Musik. | |
| Sie | können | sehr gut | jonglieren. |
| Du | kannst | gern | mitspielen. |
| Er | sieht | gerne | fern. |
| Sie | kommt | | mit. |

## Aussagesätze mit Zeitangaben

| | Position 2: Verb | | Ende |
|---|---|---|---|
| Tom und Tina | gehen | heute Abend | ins Kino. |
| Heute Abend | gehen | Tom und Tina | ins Kino. |

## Rechtschreibung

### Groß- und Kleinschreibung

| | |
|---|---|
| Namen schreibt man groß: | Deutschland, Berlin, Smarti, Herr Dahms, Frau Tautz … |
| Nomen schreibt man groß: | das Heft, der Kuli, der Vorname, die Familie, die Katze … |
| Am Satzanfang schreibt man groß: | Mein Name ist Michael Dahms. Ich komme aus Münster und wohne in Rio. |
| Höflichkeitsform – die Pronomen und die Possessivartikel schreibt man groß: | Wie heißen Sie? Wie ist Ihr Name? Wo wohnen Ihre Kinder? |

### Punkt und Fragezeichen am Satzende

| | |
|---|---|
| Nach Aussagesätzen steht ein Punkt: | Ich heiße Smarti. |
| Nach Fragesätzen steht ein Fragezeichen: | Wie heißt du? Heißt du Smarti? |

# Was kann ich jetzt? – Lösungen und Lösungsbeispiele

## E1 | Neu hier?

### 1 Begrüßen/Verabschieden
Zum Beispiel:
a Hallo. Ich heiße Lukas. Und du?
b Tschüs. Bis dann.
c Guten Tag. Ich bin Lukas Müller.

### 2 Fragen und Antworten
1c – 2a – 3b – 4a

### 3 Einen Text über mich schreiben
Ich heiße … und wohne in … .
Ich mag … und … .
Ich komme aus … .

### 4 Buchstabieren
1. Daniel – 2. Wolfgang – 3. Mia

### 5 Ein Formular ergänzen
Zum Beispiel:

| Name | T o n y M e i e r |
|---|---|
| **Adresse** **Straße** | B a c h s t r a ß e 4 8 |
| **Wohnort** | 5 0 6 6 6 K ö l n |
| **Land** | D e u t s c h l a n d |

### 6 Sagen, was du magst
Zum Beispiel:
Ich mag Radfahren, Schwimmen und Tennis.

## E2 | Meine Klasse

### 1 Sagen was du magst / nicht magst
1. Ja, ich mag Mathe sehr. – 2. Ich auch. – 3. Na ja, es geht.

### 2 Fragen und Antworten
1d – 2a – 3e – 4b – 5c

### 3 Fragen zu Personen
Wie heißt deine Freundin?
Magst du Geschichte?
Wie ist deine Telefonnummer?

### 4 Sachen benennen
1. der Bleistift – 2. der Spitzer – 3. der Kuli –
4. die Brille – 5. die Schere – 6. das Mäppchen –
7. das Lineal – 8. der Rucksack

## E3 | Tiere

### 1 Über Tiere sprechen
Zum Beispiel:
1. Ja, ich habe einen Hund. / Nein, ich habe kein Haustier.
2. Ja, ich habe eine Katze. / Nein, ich habe keine Katze.
3. Mein Lieblingstier ist der Elefant.
4. Ja, ich mag Spinnen. / Nein, ich mag Spinnen nicht.
5. Ja, er/sie mag Hunde. / Nein, er/sie mag Hunde nicht.

### 2 Über Tiere sprechen
Zum Beispiel:
1. Hast du ein Haustier?
2. Wie heißt er? / Wie heißt der/dein Hund?
3. Wie alt ist er? / Wie alt ist der/dein Hund?
4. Wie heißt dein Lieblingstier?
5. Magst du Katzen?

### 3 Berichten
Zum Beispiel:
Das ist Siri. Sie ist 13 Jahre alt und sie ist in Klasse 7. Sie hat eine Katze und sie mag Hunde und Mäuse (und Vögel). Ihre Katze heißt Mux. Sie ist drei Jahre alt. Sie ist schwarz und sehr lieb. Ihr Hund heißt Tasso. Er ist fünf Jahre alt. Er ist braun und groß.

### 4 Wie viele … sind das?
A Das sind fünf Hunde.
B Das sind vier Vögel.
C Das sind vier Tiere.

### 5 Einen Hörtext über Lieblingstiere verstehen
1: richtig – 2: falsch – 3: falsch – 4: richtig

## E4 | Mein Tag

### 1 Uhrzeiten erfragen und sagen
● Wie viel Uhr ist es?
■ Es ist 7 Uhr 45.
● Wann beginnt dein Unterricht?
■ Um 8 Uhr.

### 2 Uhr und Stunde
● Wie viel Uhr ist es?
■ Kurz nach 10.
● Hast du eine Uhr?
■ Nein, aber ein Smartphone. Es ist 10 Uhr 12.
● Wie viele Stunden Deutsch hast du pro Woche?
■ Drei.

### 3 Wörter zum Thema „Zeit"
**Die Wochentage**
der Montag, der Dienstag, der Mittwoch, der Donnerstag, der Freitag, der Samstag, der Sonntag

montags, dienstags, mittwochs, donnerstags, freitags, samstags, sonntags

**Die Tageszeiten**
der Morgen, der Vormittag, der Mittag, der Nachmittag, der Abend, die Nacht

morgens, vormittags, mittags, nachmittags, abends, nachts

### 4 Zeitangaben machen

Zum Beispiel:
1. Morgen schreiben wir einen Mathetest.
2. Von Montag bis Freitag habe ich Schule.
3. Am Wochenende habe ich keine Schule.
4. Um 8 Uhr beginnt der Unterricht.

## E5 | Hobbys

### 1 Verabredungen machen
1f – 2c – 3b – 4a – 5d – 6e

### 2 Was kannst du gut / nicht so gut?
1. Ja, ich kann gut singen. / Nein, ich kann nicht (so) gut singen.
2. Ja, ich kann gut Ski fahren. / Nein, ich kann nicht (so) gut Ski fahren.
3. Ich kann nicht so gut malen / singen / Klavier spielen …
4. Ich kann sehr gut schwimmen / Englisch / Inliner fahren …

### 3 Sagen, was man gerne macht
Eva:
😊 … fährt gerne Skateboard, sieht gerne fern, hört gerne Musik.
😒 … macht nicht gerne Hausaufgaben, steht nicht gerne früh auf, schwimmt nicht gerne.

### 4 Freizeitaktivitäten
1: fernsehen – 4: Freunde treffen – 7: basteln –
2: kochen – 5: schwimmen – 8: Musik hören –
3: tanzen – 6: ins Kino gehen – 9: Musik/Radio hören

## E6 | meine Familie

### 1 Ein Bild beschreiben
*Hinten links* ist Lukas und Pia ist *rechts*. Anita ist *in der Mitte*.
Max, der Hund, ist *vorne*.

### 2 Sagen, wem etwas gehört
1. Ja, das ist *mein* Smartphone. – 2. Ja, das ist *ihre* Sonnenbrille. –
3. Ja, *unser* Hund heißt Bodo. – 4. Ja, *sein* Fahrrad ist ganz toll.

### 3 Einen Hörtext über „Familie" verstehen
1r – 2r – 3f – 4r – 5r – 6r – 7f – 8f

### 4 Verwandtschaft
Onkel – Großmutter/Oma – Schwester

### 5 Über Berufe sprechen
Zum Beispiel:
Ich habe einen Cousin. Er ist Pilot. – Meine Mutter ist Lehrerin. –
Mein Vater ist Arzt.

## E7 | Was kostet das?

### 1 Sagen, was man haben möchte
● Was möchtest du?
■ Ich möchte einen Comic.
● Noch etwas?
■ Einen Kuli.

### 2 Wünsche äußern
Hannah möchte einen Hund.
Jens möchte ein Tablet.
Ich möchte einen/ein/eine …

### 3 Preise verstehen
1. Der Comic kostet 4,99 Euro.
2. Die Zeitschriften kosten 7 Euro 50 oder 9,90.
3. Das Mädchen bezahlt zusammen 12,49 €.

### 4 Über Taschengeld sprechen
Zum Beispiel:
Bekommst du Taschengeld? – Ich bekomme …
Wie viel Taschengeld bekommst du? – Ich bekomme …

### 5 Sagen, was man gut / nicht gut findet
Zum Beispiel:
1. … super. … gern. 2. … finde ich langweilig. … spiele ich gern.

### 6 Drei Lesestrategien
1A – 2B – 3C

# Quellen

### Bildquellen

**S.3** 1 + 2 + 3 + 4 + 7: Cornelsen/Hugo Herold – **S.4** Cornelsen/Hugo Herold – **S.6** oben links + unten links + unten rechts: Cornelsen/Hugo Herold – **S.12** oben: Cornelsen/Hugo Herold – **S.14** Cornelsen/Hugo Herold – **S.16** 2. Reihe 2. von links: Cornelsen/Hugo Herold; unten: Cornelsen/Hugo Herold – **S.20** oben links: Cornelsen/Hugo Herold – **S.22** Cornelsen/Hugo Herold – **S.31** oben: Cornelsen/Hugo Herold – **S.32** Cornelsen/Hugo Herold – **S.33** Cornelsen/Hugo Herold – **S.42** Cornelsen/Hugo Herold – **S.56** oben: Cornelsen/Hugo Herold – **S.57** Cornelsen/Hugo Herold – **S.58** Cornelsen/Hugo Herold – **S.68** Cornelsen/Hugo Herold